Rudolf Christof Jenny

Oswald von Wolkenstein, der letzte Minnesänger

dramatisches Gedicht in fünf Akten

Rudolf Christof Jenny

Oswald von Wolkenstein, der letzte Minnesänger
dramatisches Gedicht in fünf Akten

ISBN/EAN: 9783743437432

Hergestellt in Europa, USA, Kanada, Australien, Japan

Cover: Foto ©ninafisch / pixelio.de

Weitere Bücher finden Sie auf **www.hansebooks.com**

OSWALD VON WOLKENSTEIN,

DER LETZTE MINNESÄNGER.

DRAMATISCHES GEDICHT IN FÜNF ACTEN

VON

RUDOLF CHRISTOF JENNY.

PRAG 1891.

IM VERLAG DER J. G. CALVE'SCHEN K. U. K. HOF- UND UNIVERSITÄTS-
BUCHHANDLUNG OTTOMAR BEYER.

Druck von B. Grunl & V. Svatoň, Kgl. Weinberge.

IN DANKBARER VEREHRUNG

MEINEM LIEBEN, WACKEREN FREUNDE U. REGIMENTS-KAMERADEN,

DEM HERRN

RICHARD MORELLI,

K. K. OBERLIEUTENANT IM TIROLER KAISER-JÄGER-REGIMENTE,

UND SEINER LIEBENSWÜRDIGEN FRAU GEMAHLIN

ALBINA MORELLI

ZUR FREUNDLICHEN ERINNERUNG GEWIDMET.

ROVERETO, AM 5. FEBRUAR 1889.

RUDOLF JENNY.

Vorwort.

Den Stoff zu diesem Drama entnahm ich dem dreibändigen Romane **Friedel und Oswald** von Herman Schmid, doch bin ich von der Historie desselben ganz wesentlich abgewichen, um das Drama einheitlicher und lebendiger zu gestalten. Nichtsdestoweniger habe ich gar manchen Gedanken, mitunter sogar Redewendungen, dem Romane entnommen und verwertet. So sind die ersten drei Strophen des Schäferliedes (Seite 16 u. 17) fast wörtlich dem Romane entlehnt. — Der vollen geschichtlichen Wahrheit entspricht weder der genannte Roman noch mein Drama, wohl aber bilden die historischen Ereignisse den Hintergrund beider Werke. Wer über das Leben und Wirken des letzten Minnesängers Genaueres zu erfahren wünscht, der findet in den einschlägigen Werken von Dr. Ignatz Zingerle, Beda Weber und Dr. L. Schmid (Historiker in Tübingen) gewünschten Aufschluss.

Der Verfasser.

OSWALD VON WOLKENSTEIN.

Oswald von Wolkenstein,

der letzte Minnesänger.

D r a m a t i s c h e s   G e d i c h t   i n   f ü n f   A c t e n

von

R u d o l f   C h r i s t o f   J e n n y.

Prag, 1891.

Druck von B. Grund & V. Svatoň, Kgl. Weinberge.

PERSONEN.

Friedrich von Oesterreich, Herzog von Tirol, genannt Friedl mit der leeren Tasche.

Kassler, der Kanzler von Tirol.

Oswald von Wolkenstein,
Heinz von Greifenstein,
Wilhelm von Starkenberg,
Ulrich von Starkenberg,
Vintler, Herr auf Runkelstein und Säckelmeister Herzog Friedrichs,
} Tiroler Landherren

Fuchs,
Sallecker,
Spauer,
Prechtl,
Katzensteiner,
} Ritter

Heinrich von Schlandersberg,
Der Burgpfaffe auf Runkelstein.

Der Reichskanzler vom Kaiser Sigismund.

Zabarella, der Geheimschreiber u. Vertraute v. Papst Johann XXIII.

Ritter von Schwangau, ein baierischer Edler.

Margarethe, seine Tochter.

Sabine Hausmann.

Die Frau des Rottenburgers.

Hofer,
Pichler,
} Bauern.

Ruzzo, ein Waffenschmied.

Rofner, ein Freibauer.

Der Hauptmann d. Garde Friedrichs.

Ein Page von Sabine Hausmann.

Ein Hofherr am Hofe Friedrichs.

I. Bürgersfrau.

II. Bürgersfrau.

Dazu Tiroler Edelherren und Damen, Pagen, Knappen und Reisige, Bauern und Handwerker, Bürger und Bürgerinnen. Das Drama spielt zur Zeit des Constanzer Concils (1415). Zwischen dem IV. u. V. Acte liegt ein Zeitraum von einem Jahre.

I. ACT.

Ein Zimmer auf Schloss Runkelstein bei Bozen in Tirol. Vintler sitzt
mit seinem Burgpfaffen an einem Tisch links vorne.

I. Scene.

Vintler. Schaut, Herr Kaplan, was mir mein Vetter da
Gemacht. (Zeigt ihm ein Holzklötzchen.)
Kaplan. Ei, ei! Ein heil'ges Bild auf Holz!'
Den Willen, etwas Gottgefälliges
Zu schaffen, lobe ich, wenngleich das Werk
Misslang; denn seht nur her — ist Alles doch
Verkehrt zur Darstellung gebracht. Was scharf
Ins Auge fallen soll, ist tief geschnitzt
Und umgekehrt; kaum findet man heraus,
Was es bedeuten soll.
Vintler. Bestreicht das Bild
Mit dieser Farbe da.
Kaplan (thut es). Und nun?
Vintler. Drückt es
Gefälligst auf dies Pergament.
Kaplan (betrachtet erstaunt den Abdruck). Was seh ich!?
Das Bild des heil'gen Georg mit dem Drachen!
Wie kühn der wack're Held zu Pferde sitzt!
Mit jähem Ruck reisst er den Hengst herum
Und treibt den scharfen Speer mit kräft'gem Stoss
Dem Scheusal durch den Rachen ins Gedärme.

1*

Fürwahr! Ein Meisterstück in jedem Sinn!
Das Edle, Gottbegnadigte im Reiter,
Das Angstergrimmte, Teuflische im Drachen.
Ich kann mich an dem Bilde gar nicht satt seh'n;
Es ist ein staunenswertes, schönes Werk!
Vintler. Ich rieth dem Vetter seine schöne Kunst
Auf anderem Gebiete zu versuchen.
Wie wär's, wenn er, statt so ein Bild zu schneiden,
Auf diese Weise ein geschrieb'nes Buch
Verfertigte? In zwanzig Jahren wär's
Wol möglich. Welchen Vortheil brächte solch
Ein Werk! Mit e i n e m Schnitte könnte man
In kurzer Zeit viel tausend Bücher drucken,
und so der ganzen Welt zugänzlich machen,
Was jetzt nur einzelne Gelehrte wissen.
Kaplan. Ein kühner und erhabener Gedanke!
·Der will bedacht sein. Tausendfältig könnt'
Das gute Wort auf diese Art die Welt
Durchdringen. In der That, verlockend! Schrift
Und Wissenschaft sind jetzt ein Heiligthum,
Das nur Gelehrten offen steht Mühselig
Erklimmt der Geist, aus selt'nen Büchern schöpfend,
Des Wissens Höhe. Alles das wär' anders,
Wenn Euer Plan gelänge. Anders wohl, —
Ob besser auch, das eben ist die Frage.
Schmal ist der Weg zur Wissenschaft und rauh,
Und wer sich nicht mit unzwingbarer Macht
Hinangezogen fühlt, der ist nicht wert
Von ihr zu kosten.
Vintler.   Wär' es nicht erfreulich,
Wenn s i e und d u r c h sie auch die Tugend zum
Gemeingut aller Menschen würde?
Kaplan.   Ja,
Wenn Wissen allemal zur Tugend führte! —
Die Frucht vom Baume der Erkenntnis bleibt

Doch ein gefährlich Essen, und man muss
Sich erst allmählig an die Kost gewöhnen.
Setzt einen Mann, der Höhe nicht gewohnt,
Auf eines Thurmes Spitze; seid gewiss,
Er fällt. So gienge es den Menschen, wenn
Sie mühelos zur Wissenschaft gelangten.
Die Köpfe würden schwindlig, glaubt es mir!
Und wenn ich erst bedenke, dass gemeine,
Unsaub're, ekle Seelen in dem rein
Bewahrten Heiligthum der Wissenschaft —
Wolfeil gemacht durch Bücher, wühlten — nein!
Mir schaudert beim Gedanken.

Vintler.   Lasst es gut sein!
Der Umsturz, den Ihr fürchtet, Herr Kaplan,
Steht vor der Thür', ohn' dass die Wissenschaft
Auch nur den kleinsten Theil daran verschuldet.
Die beiden Mächte, die der Geistlichkeit
Und die der Fürsten, sind uneins geworden.
Statt einträchtig die Herrschaft über's Volk
Zu führen, leben sie in steter Fehde
Was Wunder, wenn sich da das Volk erhebt
Und frei macht, wie's die Appenzeller thaten?
Der Bauer stellt dem Rittersmann sich gleich,
Führt neben seinem Pfluge Schwert und Keule; —
Der Adel will dem Fürsten sich nicht fügen,
Und Fürst und Adel trotzen ihrem Kaiser;
Zum Ueberflusse giebt es noch drei Päpste,
Und jeder will der einzig wahre sein;
So habt Ihr Krieg und Unruh, wo Ihr hinseht.
Wer soll die Welt aus diesem Irrthum führen,
Wenn's nicht die Wissenschaft vermag? Die
                                          Dummheit
Und Ungelahrtheit doch wohl nicht?

Kaplan.   Nun ja,
Ich meinte nur, nicht jeder kann sich selbst

Sein Stab und Führer sein. Bedrängnisse
Wie diese haben allemal bisher
Noch einen Mann gezeitigt, dessen Klugheit
Volk, Fürst und Kaiser wieder einigte.
So wird uns Gott auch diesmal nicht verlassen.
Vintler. Ich wüsste einen Mann, der das vermöchte;
Doch ist er leider in die Welt gewandert.
Ein Adeliger selber, gilt sein Wort
Beim Adel viel, noch mehr beim Volk, und Alles
Bei Fürst und Kaiser. Rathet, wen ich meine?
Kaplan. Oswald von Wolkenstein?
Vintler. Ihr habt's getroffen.
Kaplan. Man sagt, er werde demnächst wiederkehren?
Vintler. Man säh' ihn gerne wieder, darum sagt man's.
Die Weisen seiner minniglichen Lieder
Erklingen weit und breit in Hütten und
Palästen; überall ist er gekannt.

2. Scene.

(*Oswald* tritt auf im Gewande eines fahrenden Sängers. Er ist von
kräftigem Körperbau, jugendlich in Haltung und Geberde, aber sein
Haar ist völlig ergraut. Er tritt, sich zu verstellen, in gebeugter
Haltung ein und bleibt an der Thür stehen.)

Oswald. Grüss Gott, Ihr Herren! Friede dieser Burg
So jetzt und allezeit! Kein Thorwart wehrt
Dem Wanderer hier einzutreten und
Im schatt'gen Burghof auszuruh'n, indess
Die Augen voll Bewunderung und Staunen
Die Schildereien an den Wänden schauen.
Solch Friede lockt die fahrenden Gesellen.
Vintler. Seit wann schert sich das fahrend Volk so sehr
Um Krieg und Frieden?

Oswald. Schwert und Fiedeltöne,
Die passen schlecht zusammen, denn die Kunst
Will Frieden.

Vintler. Sagt, woher Ihr kommt, wohin
Ihr zieht?

Oswald. Woher ich komm', ist nicht so bald
Gesagt, und keiner weiss, wohin er zieht.
Mein Weg ist weit. Das eisumstarrte Island
Ist mir so wenig fremd geblieben als
Der gluterhitzte Sand Sahara's Wüsten;
Und was dazwischen liegt, durchzog ich alles.
Bald gab die Fiedel, bald das Schwert mir Brod.
Auch ist es nicht das erstemal, dass ich
Hier Einkehr halt' in Eurer Burg. Mein Lied
Hat Euch des öftern schon ergötzt. Ich will,
Da Ihr den Vogel am Gefieder nicht
Mehr kennt, den Schnabel aufthun und eins singen.
Erlaubt mir Eure Harfe zum Begleiten.

(Legt seine Fiedel weg und nimmt die Harfe Vintlers. Wenn der
Schauspieler singen kann, ist nachfolgendes Lied singend, sonst re-
citando vorzutragen:)

> Treib her
> Treib überher
> Mein trautes Agneslein!
> Zu mir ruck mit den Schäflein Dein —
> Zu zweit ist guet*) sein!

Vintler. Das ist der Wolkensteiner! So wie du
Singt keiner weit und breit; so lebensfroh,
So minniglich und frisch singt Einer nur:
Das ist des Wolkensteiner! — Oswald!

---

*) Das dialectische »e« hinter »u« und »ü« darf nur ganz
wenig gehört werden und kann eventuell ganz wegbleiben und u oder ü
dafür gesprochen werden.

Oswald (ihm herzlich entgegen).
Der bin ich, alter Freund. Als ich erfuhr,
Du hausest hier auf Runkelstein, da lenkt'
Ich meine Schritte ab vom Heimatweg;
Da bin ich nun und grüsse dich und mit
Dir grüss' ich auch mein liebes Vaterland.
Vintler. Willkommen in der Heimat, lieber Oswald!
Dein Lied ist nicht verstummt in unsern Bergen,
Und doppelt freudig soll's nun wiederhallen.
Doch nicht allein den Sänger heisse ich
Willkommen, sondern auch den besten Freund
Des Vaterlandes; jetzt bedarf es deiner.
Davon ein andermal. Ich sag' dir zu
Geleg'ner Zeit, wie du das Etschland findest.
Mein Burgkaplan (vorstellend).
Oswald.   Mich dünkt, wir kennen uns?
Kaplan. Ich bin Euch fremd. Ihr seid mir's nicht; denn
                                                    längst
Schon kenn ich Euch aus Euern Liedern. — Ihr
Erlaubt wohl, dass ich mich entferne, eh'
Die Gäste kommen (ab).
Oswald.   Du erwartest Gäste?
Vintler. Es ist viel Redens von den Schildereien,
Mit welchen ich den Burghof ausgeschmückt;
Heut kommen etzliche sie anzusehen.
Oswald. Dann leihst du mir wohl auch ein sauberes
Gewand, dass ich mich sehen lassen kann?
Vintler. Recht gern. Du solltest aber bleiben, wie
Du bist und dich, der Kurzweil halber, so
Gebrechlich stellen, wie vorhin. Ich wette:
Nicht Einer kennt dich wieder.
Oswald.   Lass mich Vintler.
Ich habe heute keine Lust dazu.
Wer weiss auch, ob ich deine Gäste kenne?

Vintler. Was schadet das? Die Mummerei gibt dir
 Gelegenheit Bekanntschaften zu machen,
 Ohn' dass du selbst erkannt wirst.
Oswald.   Lass mich Vintler.
Vintler. Du warst doch sonst ein Freund von derlei
             Scherzen,
 Und ein Verehrer minniglicher Frauen.
Oswald. Das läugn' ich nicht, und bin es auch noch
             heute;
 Allein, ich habe deren nun genug
 Gesehen, bin des Wanderns satt und will
 Mich auf dem Hauenstein zur Ruhe setzen,
 Der lieben Kunst und meinen Freunden leben.
 Das soll ein herrlich Leben werden, Freund!
 Ich komm' auf deine Burg, du kommst auf meine,
 Dann plaudern wir von alten Zeiten und
 Von Allem, was uns lieb und wert geworden.
 Und dass es dir auf Hauenstein nicht gar
 Zu öde wird, kann's wohl geschehen, dass
 Dich eines Tags am Burgthor eine Frau
 An meinerstatt begrüsst.
Vintler.   Das lässt sich hören.
 Es hat schon lang verlautet, eine Maid
 Hab dich zur Fahrt in das gelobte Land
 Bewogen?
Oswald.   Märlein, lieber Freund; das Volk
 Trägt sich mit Märlein.
Vintler.   Etwas muss doch wahr sein.
 Woher sonst das Gerede überall?
 In jeder Burg und Hütte kennt man dich,
 Und weiss von deinen Reisen zu erzählen.
 So glaubt man auch den Grund der letzten Fahrt
 Ins heil'ge Land zu wissen.
Oswald.   Ei, das wäre?

Vintler. Es heisst, die Maid, in deren Banden Du
Gelegen, habe das als Liebesprob'
Verlangt.
Oswald. Und weiss man ihren Namen?
Vintler. Nein.
Oswald. Beweist das nicht, dass es ein Märlein ist?
Als Jüngling schon trieb's mich hinaus ins Land
Der Heldensagen, an die Donau und
Den Rhein; und als ich das gesehen, zog's
Mich weiter fort, bis mir das Eismeer oben,
Die grosse Wüste unten Halt gebot.
So könnte mich mein Wandertrieb wohl auch
Zu meiner letzten Fahrt verleitet haben.
Ich sage: k ö n n t e mich verleitet haben —
Allein, es ist nicht so, doch sollst du einst
Auf Hauenstein den wahren Grund erfahren,
Du magst dann meine Burgfrau damit necken.
Nun sage mir, wer deine Gäste sind.
Vintler. Ein Herr von Schwangau und sein Töchterlein,
Und eine junge Wittib namens Hausmann;
Du kennst sie ja, des Martin Jäger Tochter?
Oswald (erschrickt heftig, doch Vintler bemerkt es nicht).
Ja, ja! — die kenn ich. Doch — Wittib sagst du?
Vintler. Nun ja! Ich weiss es ganz gewiss.
Oswald (mühsam nach Fassung ringend). Nicht möglich!
Vintler. Der reiche Wechsler Hausmann war ihr Gatte,
Doch starb er schon im ersten Jahr der Ehe. —
Was hast du, Oswald? Fühlst du dich nicht wohl?
Um Gotteswillen sprich! Was ist dir, Freund?
Oswald (ist in einen Sessel getaumelt. Mit matter Stimme).
Sei unbesorgt. Mich schmerzt nur eine Narbe.
(Trompetenstoss.)
Vintler. Da sind die Gäste! Komm ins Schlafgemach
Und lege dich zu Bette, bis dir wohl ist.
Ich richte dir dann auch die Kleider her.

Oswald. Nein, Vintler, lass mich hier. Es geht vorüber.
Und dann — lass immerhin die Kleider sein.
Ich will in diesem schlechten Kittel bleiben
Und, wenn ich kann, auf Kurzweil sinnen. — Du!
Sag keinem, wer ich bin. .

3. Scene.

(Es treten *Sabine* und *Margareth* auf; Ritter *Schwangau*
tritt etwas später ein. Während der Begrüssung schleicht sich *Oswald*
nach rückwärts und verstellt sich wie früher.)

Vintler (den Gästen entgegen). Vieledle Frau,
Mein schönes Fräulein — seid mir willkommen auf
Schloss Runkelstein. Ist's Euch genehm, so setzt
Euch,
Indess ich für Erfrischung sorgen werde.
Sabine. So Ihr bereit seid, lasst uns erst das Schloss
Besichtigen. (Ritt. *Schwangau* tritt ein.)
Vintler. Wie's Euch gefällt. — Herr Schwangau —
Willkommen!
Schwangau. Gott zum Gruss.
Sabine (auf Oswald deutend). Wer ist der Mann da?
Vintler. Ein Minnesänger.
Margareth (neugierig). Ist's der Wolkensteiner?
Vintler. Der, denk' ich, müsste schön're Kleider tragen.
Margareth. Mir wäre er in jedem Kleid willkommen.
Vintler. Ihr kennt ihn also?
Margareth. Nur aus seinen Liedern.
Doch lange wünsch' ich schon ihn selbst zu sehen.
Sabine. Seid Ihr bereit?
Vintler. Ich bitte mir zu folgen.
Oswald (tritt Sabine in den Weg).
Verzeiht, vieledle Frau, dass ich es wage,
Euch um Verzug zu bitten.

Sabine.   Sprecht, was wollt Ihr?

Oswald. Ich hab' Euch eine Botschaft auszurichten,
So Ihr Sabine Jäger seid.

Sabine.   .   So hiess ich.
Lasst hören.

Oswald.   Sie ist nur für Euch bestimmt.
Ich bringe sie aus dem gelobten Lande.

Sabine. Gleich folg ich nach. (Alle übrigen ab.)
                    Was habt Ihr auszurichten?
Wer sendet Euch?

Oswald.   Das brauch ich nicht zu sagen,
Wenn ich nicht irre gieng. — Da, nehmt dies
                         Päckchen!
Voll Erde ist's vom Berge Golgatha,
Und hier ist Wasser aus dem Bache Kydron.

Sabine. Und weiters wisst Ihr nichts?

Oswald.   Doch, schöne Frau:
Der Euch dies sendet, hielt Euch Wort und Treue;
Er darf den Preis begehren, den Ihr ihm
Dafür verspracht. — Er aber will ihn nicht,
Weil er erkannt, der Preis ist seiner unwert.

Sabine. Ihr selbst — Du bist es, Oswald?

Oswald (sich aufrichtend).   Ja, ich bin's,
Treuloses Weib und bin gekommen dir
Zu sagen, dass sich meine Seele von
Der deinen blutend losgerungen hat,
Dass du mit mir ein elend Spiel getrieben,
Dass du nicht wert bist —

Sabine.   Oswald, halte ein!
Und richte nicht zu schnell. Es war bestimmt,
Dass du nach einem Jahre wiederkehrst,
Nun geht es in den dritten Frühling.

Oswald. Kann,
Wer sich dem Meere anvertraut, bemessen,
Wohin ihn Wind und Wellen treiben werden?
Das Schiff, das mich zur Heimat tragen sollte,
Ward überfallen und beraubt. Man nahm
Mir alles weg, was wertvoll schien; ich gab
Es lachend hin; es blieb mir ja das Eine,
Das Beste übrig, dieses Päckchen Erde,
Der Preis, wofür ich dich erringen sollte.
Man schmiedete mich an die Ruderbank,
Und viele Monde musst' ich dort verkeuchen;
Doch ein Gedanke gab mir Riesenkraft
Und hielt mich aufrecht, das warst du — und
jetzt —
Sabine. Verdamme mich nicht ungehört. — Ein Jahr
Und drüber war nach deiner Fahrt verstrichen,
Mein Vater starb und liess fast nichts zurück,
Der trügerische Reichthum war dahin —
Da bot mir Hausmann seine Hand, und Glanz
Und Ehr und Reichthum winkten wieder.
Oswald. Halt!
Statt deine Schuld zu mindern, mehrst du sie!
Um ein'gen düstern Tagen zu entgehen,
Gabst du mich auf und griffst nach schnödem Golde.
Ich hätte deiner Laune wegen wohl
Noch zehnmal mehr ertragen, ohne Murren,
Und Du hast nicht einmal den Muth gehabt
Ein Jährchen auszuharren?
Sabine. Auszuharren?!
Wer bürgte mir für deine Wiederkehr?
In meiner Noth erzählt' ich meinen Brüdern,
dass ich mit dir bereits versprochen sei.
Da lachten sie mich aus und sagten mir,
Du kämst nicht mehr und wenn, so würdest Du
Ob meiner eitlen Thorheit mich verlachen.

Du seist ein Dichter, höhnten sie, Dein Schwur
Verlösche wie die Sternschnupp'*) am Himmel.

Oswald. Und du, — du glaubtest ihnen? Immer besser!
So wenig hast du mich gekannt, und so
Gering war dein Vertrauen? Fahre hin!
Ein trügerischer Traum war diese Liebe,
Er ist nicht wert ihn wachend durchzudenken. —
Den Dichter haben sie in mir verlacht?!
Lacht immer zu; d e r Hohn reicht nicht heran
An mich! Ich preise Gott und danke ihm,
Dass er mir jetzt noch Kraft genug gelassen,
Ein Thor zu sein, der von der Liebe nicht
Bloss träumt und dichtet, nein, der an sie glaubt,
Wie an das Heil der Seele! — Fahre hin!
Du bist nicht wert, geliebt zu werden.

Sabine. Oswald!
Nicht dieses Wort! Um deiner selbst, Oswald,
Nicht dieses Wort!

Oswald. Es bleibt gesagt!

Sabine. Wohlan!
So denke dieser Stunde (rasch ab).

Oswald. Gott! Mein Gott!
Ist es denn wirklich aus! Kaum kann ich's glauben.
Hab' ich deshalb die halbe Welt durchwandert,
Um einzuseh'n das Heiligste sei Wahn!?
Nein, nein! Es kann nicht sein. Hier ruft es laut
In mir, was ich erträumt, wovon ich sang',
Muss menschenmöglich sein. — Du lieber Gott,
Der du dem Herzen das Gefühl gegeben
Und meinem Geist die Schwingen: Halt mich fest,

---

*) Stern ist hier zweisilbig gemessen, weil das stimmhafte »r«
mit dem darauf folgenden Dauerlaut »n« so lange den Ton festhält,
als eine kurze Silbe in der Senkung.

Dass ich am Göttlichen der Menschenseele,
Der Liebe und der Dichtkunst nicht verzweifle!
(Birgt sein Gesicht in den Händen und lehnt sich auf den Tisch,
indem er dabei sitzt. Margarethe kommt und rührt ihn leise an.)

4. Scene.

Margarethe. Ihr sinnt wohl auf ein neues Märlein?
Oswald. Wie?
Margarethe. Die Frau, die eben von Euch gieng, die sagte,
Ihr hättet ihr viel Lustiges erzählt.
Oswald. Das sagte sie? — Dann mag es wohl so sein.
Und Ihr kommt her, was Aehnliches zu hören?
Margarethe. Nicht doch. Ich kam, weil ich von Malerei
So gut wie nichts versteh' und dachte mir:
Ihr helft mir wohl die Zeit ein wenig kürzen.
Oswald. Und wisst Ihr, Fräulein, wer ich bin?
Margarethe. O, ja.
Man sagte mir, Ihr wär't ein Minnesänger.
Oswald. Und dennoch kommt Ihr her?
Margarethe. Warum denn nicht?
Bei uns in Schwangau, wisst, ich bin von Schwangau,
Da kehren alle Minnesänger ein,
Die fürbass zieh'n. Da geht's dann lustig her;
Ich tanze mit dem Vater und dem Thorwart. —
Der Thorwart tanzt Euch drollig! Nein, den müsst
Ihr seh'n. Versprecht mir einzukehren. Ja! —
So oft ein Minnesänger kommt, ist Festtag,
Ansonsten ist es still und öd auf Schwangau. —
Ihr seid wohl viel gewandert?
Oswald. Ja, sehr weit.
Margarethe. Kennt Ihr vielleicht den Sänger Wolkenstein?
Oswald. Ich glaube ihn zn kennen (wird nun aufmerksam).

Margarethe (mit offenkundiger Freude). Ja! Das freut mich
Ihr müsst mir einiges von ihm erzählen.
Wie sieht er aus?

Oswald. Er ist ergraut, wie ich.

Margarethe. So hab' ich mir ihn immer vorgestellt.
Das Göttliche, das in ihm wohnt, muss sich
Auch würdevoll im Äusseren bekunden.
Der muss von jeher grau gewesen sein.

Oswald. Nun das gerade nicht, doch war er schon
Mit fünfundzwanzig Jahren grau wie heute.

Margarethe. Und sonst — wie ist er sonst? Recht brav
und gut,
Nicht wahr?

Oswald. Da dürft' es wohl zuweilen fehlen.

Margarethe. Das glaub' ich nicht! Wer denkt und singt
wie er,
Der muss ein Herz voll Lieb' und Güte haben.

Oswald. Er würde sich nicht wenig freuen, wenn
Er wüsste, welch ein schönes Fräulein ihn
Vertheidigt.

Margarethe. Sagt's ihm nur, wenn Ihr ihn seht.
Ich möchte mich für all die Freude, die
Mir seine Lieder machten, dankbar zeigen.

Oswald. Und welches liebt Ihr ganz besonders?

Margarethe. Alle!

Oswald. Nun eines muss doch wohl den Vorzug haben?

Margarethe. Nun ja, ein Schäferlied! Ich sing's Euch vor.
(Nimmt die Harfe und singt:)

Treib her,
Treib überher
Mein trautes Agneslein!
Zu mir ruck mit den Schäflein Dein —
Zu zweit ist guet sein!

Mein Weid
Ist grüenumkleid't
Mit Gras und Bluemenbluet:
Abgeht der Schnee von meiner Huet, —
Zu zweit ist's guet!

Komm hier
Und lausch bei mir
Viel süessem Vogelsang:
Zu zweit wird uns, ist mein Gedank'
Kein' Weil' zu lang —
Zu zweit ist's guet!

Oswald. Und nun — die vierte Strophe?
Margarethe.   Wie? Es hat
Nur drei.
Oswald.   Nun soll es eine vierte haben.
(Nimmt ihr die Harfe weg und singt:)

Komm hier,
Komm her zu mir
Du trautes Mägdelein!
Gar wohl dein liebes Herzelein
Dem meinen thuet:
Zu zweit ist's guet!

Margarethe. Am Ende seid Ihr selbst der Wolkensteiner?
Oswald. Ich bin's und hab' mich dessen nie so sehr
Gefreut als jetzt, mein Fräulein!
Margarethe (erfreut).   Also wirklich!
Wie hab' ich mich auf diesen Augenblick
Gefreut, wie thöricht hab' ich mich benommen!
Vergesst, was ich da vorhin schwatzte.
Oswald.   Wie?
Ihr nehmt die Einladung zurück?

Margarethe. Das nicht;
Und nochmal bitt ich Euch, kehrt ein bei uns.

Oswald. Dann lassen wir den Thorwart spielen und
Wir tanzen eins.

Margarethe (komisch erschrocken).
Das musst ich auch noch sagen!
Ich wollte Euch damit, — das heisst — nicht Euch —
Vielmehr — Verzeiht, ich weiss nicht, was ich rede.
Ich will dem Vater sagen, dass Ihr da seid.

(Rasch ab.)

Oswald. Du birgst doch Göttliches, o Menschenherz.

(Der Vorhang fällt.)

II. ACT.

(Der Waffensaal auf Schloss Greifenstein, geschmückt mit Waffen aller Art, als Rüstungen, Schildern, Schwertern etc.)

I. Scene.

(Die Erbherren *von Greifenstein, Wilhelm* und *Ulrich von Starkenberg* sitzen bei einem kleinen Tische, worauf eine Pergament neben einem Schreibzeug liegt.)

Ulrich. Der Vintler, sagst du, hat den Rath gegeben,
Dass Oswald zwischen uns und Friedl vermittle?
Wilhelm. Wer sonst, als er! Du kennst ihn ja, den
Vintler,
Den ewigen Vermittler. Aber diesmal
Wird ihm die Lust dazu denn doch vergeh'n.
Jetzt dürfte er schon wissen, was ihm blüht.
Gib acht, der wird uns Holz ins Feuer tragen. —
Wenn nur der Wolkenstein nicht käme! Dass
Den auch gerade jetzt der Satan heimführt!
Zeigt er den Bundgenossen diesen Anhang,
Ist's aus, und keiner unterschreibt uns mehr.
Ulrich. Lass mich die Stelle nochmal überlesen.
»Wenn Herzog Friedrich unser Recht nicht wahrt
Und neuerdings verbrieft, dann soll vom Wort
Zur That gegangen werden. Keiner soll

2*

»Dem Waffenruf des Herzogs Folge leisten.«
Nein, Bruder, nein, das unterschreibt dir keiner!
Wilhelm. Mass muss sie eben dazu zwingen.
Ulrich. Wie?
Wilhelm. Man spricht von Aufrechthaltung alter Rechte,
Von der Nothwendigkeit der Bund-Erneu'rung —
Und wenn sie für die Sache recht entflammt sind,
Dann ladet man sie ein zur Unterschrift.
Im Drange übersehen sie den Anhang —
Und schreiben. Ist's gethan, dann haben wir
Gewonnen. Jeder steht mit Gut und Blut
Für das, was er gezeichnet und gesiegelt.
So muss man sie zu ihrem Glücke zwingen.
Ulrich. S'ist wahr; der Bund braucht u n s, und nicht
wir i h n.
Uns wächst der Herzog niemals übern Kopf,
Dafür sorgt Greifenstein.
Wilhelm. Ich höre kommen.

2. Scene.

(Die Landherren und Ritter von Tirol treten auf und erfüllen beinahe
den Saal, darunter: *Spauer*, *Sallecker*, *Prechtl*, *Katzenstein*,
Fuchs, *Schlandersberg* und andere. Allen voran *Heinz von
Greifenstein*, sehr alt, schneeweiss, hat einen Stelzfuss. Er wird
von zwei Dienern geführt, da er blind ist.)

Heinz. Kommt immerhin herein Ihr werten Herren.
Ich heisse Euch als Bundesältester
Willkommen auf Schloss Greifenstein. Doch müsst
Ihr nicht verlangen, dass ich heute, wie
Vor Zeiten hier die erste Stimme rede.
Ich bin zu alt — ich zähle achtundneunzig.
Dies Amt erfordert eine junge Kraft

Und darum übergeb' ich's meinem Enkel.
Wo bist du Wilhelm?
Wilhelm.   Hier, mein Oheim, hier.
Heinz. Von heute an sollst du das Oberhaupt
Des Bundes sein.
Einige.   Hoch, Wilhelm Starkenberg!
Wilhelm. Nicht mich, den Bund lasst leben. Keiner sei
Nach unserm Grundsatz Herrscher, keiner Knecht!
Für der Gesammtheit Rechte sind wir da,
Und stehen wir zusammen, Mann an Mann,
Dann gleichen wir an Klugheit und an Kraft
Dem Zeichen uns'res hehren Bündnisses —
Dem Elefanten. Unser Bund soll leben!
Alle. Er lebe hoch!
Wilhelm.   Sind alle da?
Ulrich.   Noch nicht,
Die Wolkensteiner fehlen.

3. Scene.

Oswald. (Als Ritter gekleidet. Sein Barett schmückt eine Pfauenfeder
das Zeichen der Minnesänger.)

            Das Geschlecht
Der Wolkensteiner hat noch nie gefehlt,
Wo der Tiroler Adel tagt. Nehmt heut'
Mit mir Verlieb, die Brüder sind verhindert.
Viele. Willkommen in der Heimat, Wolkensteiner!
Oswald. Die Stämme des Tiroler Adels steh'n
Zu einem prächt'gen Wald geeint, beisammen.
Gut Heil dem Land Tirol! Das Beil wird stumpf,
Das sich an diesen Wald heranwagt.
Wilhelm.   Brav
Gesprochen, Oswald, sei auch mir willkommen!

Oswald. Viel Dank für deinen Willkomm, Starkenberg!
Seid mir gegrüsst, Ihr alle! — Ach, sieh da!
Sallecker, Du? Noch immer frisch und feurig!
Wie kamst denn du den Berg herauf, Freund
Prechtl?
Prechtl. Ja, ja — bei mir setzt's ganz gewaltig an.
Indess, du bist just auch nicht jünger worden.
Viel Haare hab' ich nicht, doch frischer sind
Sie noch als deine.
Oswald. Spauer — deine Hand! —
Dort hinten seh ich eine Pfauenfeder —
Wer trägt sie?
Schlandersberg. Ich, dein Schüler!
Oswald. Heinrich, du!?
Wie geht's auf Schlandersberg? Uebst du dich noch
Im Minnesang?
Schlandersberg. So gut es gehen will.
Oswald. Wir wollen um die Wette singen, wenn's
Zur Tafel geht. — Wen sieht mein Auge? Heinz
Von Greifenstein!?
Heinz. Ja lieber, junger Freund!
Oswald. Nun das ist nicht die kleinste Freude, die
Mir seit der Heimkehr widerfuhr. Grüss Gott!
Heinz. Bei diesem Holzstück, das mein Fuss geworden:
Ich kannte deine Stimme, wenn ich auch
Den Mund nicht sah, woraus sie kam. Gott grüss
dich!
Dich wundert's wohl ein wenig, dass du mich
Noch oberhalb der Erde findest? — Ja,
Das macht die Freude, — Freude, die verjüngt.
Wenn auch mein greifgeschmückter Schild mit mir
Zur Grube fährt, so weiss ich, hält mir Wilhelm
Besitz und Namen aufrecht. Sieh, das freut mich.
Wo seid Ihr, meine Jugens? Wilhelm, Ulrich!

Beide. Hier Oheim.
Heinz. Legt die Hände in einander.
Jetzt gibt die deine drauf, mein lieber Oswald,
Auf dass Ihr einen festen Dreibund bildet. —
Beim Namen Wolkenstein und Starkenberg
Geht mir das Herz auf, wie vor achtzig Jahren,
Als ich zum erstenmal mein Schätzchen küsste.
Oswald. Wenn ich dich jetzt so anseh', denk' ich an
Den Berg, den ich in Island sah, den Hekla,
Der Feuer aus den Eingeweiden speiht,
Obgleich die Aussenseite eiserstarrt ist.
Heinz. Bei mir ist's mit dem Feuer nicht weit her,
Obzwar vom alten Heinz noch etwas da ist.
An einem Tag, wie heute, musst ich kommen,
Und komm' ich einmal nicht und liege starr
Und steif und still, dann ruft mir nur ins Ohr:
Auf, alter Heinz! Es rührt sich was im Land
Tirol; und bleibe ich dann ruhig liegen,
Dann dürft Ihr das, was Ihr vom alten Heinz
Noch vor Euch seht, getrost verscharren, dann
Ist's aus mit ihm. — Und nun beginne Wilhelm.
Wilhelm. Vieledle Landherren, Freunde und Genossen!
Was heute uns dahier zusammenführt,
Ist keinem ein Geheimnis. Gilt es doch
Das alte Recht und unsre Macht zu wahren,
Ihr alle wisst, wie sie gefährdet sind.
Es ist, als lebten wir auf einem Grundstück,
Das zwischen Berg und wilden Wassern liegt.
Die Wasser unterspielen diesen Grund,
Der Berg hängt sturzbereit ob unsern Häuptern
Und droht uns sammt und sonders zu verschütten.
Das Wasser, das ich meine, ist das Volksrecht —
Und wer der Berg ist, brauch ich nicht zu sagen.
Einige. Wir kennen ihn.
Fuchs. Er soll uns nicht verschütten!

Wilhelm. Ich hoffe es, wenngleich schon einer von
Den Unseren begraben wurde.
Fuchs. Hört Ihr's!
Wilhelm. Lasst uns den Fall des Rottenburg besprechen.
Fuchs. Gebt acht!
Wilhelm. Euch ist bekannt, dass Herzog Friedrich
Als Vogt des Trientiner Hochstifts die
Gelegenheit benützt, sich in den Streit
Des Bischofs und der Bürger einzumengen;
Dass er den ersteren mit Waffen zwang
Der weltlichen Gewalt Verzicht zu leisten,
Und dass er unsern Freund, den Rottenburger
Als Landeshauptmann ins eroberte
Gebiet gesetzt.
Fuchs. Nun merkt, was weiter stattfand.
Wilhelm. Kaum hatte Friedrich sich hinweggewendet,
Empörten sich die Bürger abermals,
So dass sich Rottenburg genöthigt sah, —
Um ein für allemale Ruh' zu schaffen —
Dem Oberhaupte der Rebellenschar
Den Kopf vom Rumpf zu schlagen.
Fuchs. Er hat recht
Gethan!
Wilhelm. Was that nun Friedrich?
Fuchs. Hört nur, hört!
Wilhelm. Statt froh zu sein, dass Rottenburg so schnell
Die Ruhestörer auseinander stäubte,
Bedrohte er ihn mit Gefangenschaft.
Fuchs. Der Adel ist beschimpft!
Viele. 's ist unerhört!
Wilhelm. Und nicht genug damit. Hört nur! Er riss
Des Rottenburg Besitzungen an sich
Und diesen selbst vertrieb er aus dem Lande.
Fuchs. Ihr Recken, hört: Vertrieb ihn aus dem Lande,
Und flüchtig irrt der Arme in der Fremde.

Einige. Das schreit um Rache!

Andere. Das ist Gewaltthat!

Wilhelm. Der Name ist gefunden. Ja, das ist es.
Die Kraft des mächtigsten Genossen ist
Gebrochen; jetzo kommt die Reih an uns.
Dasselbe Los trifft alle nach und nach.
Wer einmal rechtlos handelt, thut es wieder.

Oswald. Erlaubt auch mir ein Wort, Ihr edlen Herren.
Nicht ohne Grund bekriegte Herzog Friedrich
Den Bischof von Trient; denn wisst, er war
Mit Mailand wider uns verbündet.

Einige. Hört!

Osw. Was Rottenburg betrifft: Er unterhielt
Landfeindliche Beziehungen mit Baiern.

Wilhelm. Das alles sind nur Vorwände des Herzogs,
Und Vorsicht kann in keinem Falle schaden.
Die Eintracht unter uns, die bisher nur
Auf dem Papier gepflogen wurde, soll
Fortan auch in der That verwirklicht werden.
Der Elefantenbund soll neu erstehen,
Doch statt des ungeschlachten Bundeszeichen,
Soll künftighin der leichtbeschwingte Falke
Das Sinnbild sein. Wie der mit scharfem Aug'
Und spitzer Wehr die Feinde unter sich
Bewacht, um nöth'genfalls auf sie herab
Zu stossen, wollen wir es halten. Wer
Mit mir den gleichen Zweck verfolgt, das ist:
Durch dieses Bündnis unser altes Recht
Zu wahren, dafür einzustehen Mann
Für Mann, der setze seine Unterschrift
Und Siegel unter diesen Bundesbrief.

Sallecker. Hurrah, die Falken hoch!

Einige. Die Feder her!

Fuchs. Ein Schelm, der diesen Brief nicht unterzeichnet!

Spauer. Den Schelm mag schlucken, der ihn ausgebracht.
Bevor ich zeichne, will ich wissen, was
Ich zeichne.
Wilhelm. Zweifelst du an meinen Worten?
Spauer. Das nicht, doch will ich wissen, was da steht.
Du bist ja so ein Stück Gelehrter, Prechtl?
Lies uns das Ding da wor.
Prechtl. Verschont mich, Freunde.
Ich hab das Zeug schon längst vergessen. Da,
Der Katzensteiner soll sein Glück versuchen.
Katzensteiner. Warum nicht gar! Wie käm' denn ich
dazu,
So lang ein Wolkensteiner unter uns ist.
Einige. Ja, ja! Der Wolkensteiner soll uns sagen,
Was da geschrieben steht.
Oswald (hat inzwischen hineingesehen). Seid unbesorgt.
Des Starkenbergers Wort bedarf nicht erst
Bestätigung durch meines.
Wilhelm. Dank dir, Oswald!
Osw. Der Bundesbrief der Falken unterscheidet
Sich wenig von dem alten. Er bestimmt,
Dass wir die alten Rechte, wie wir sie
Vom Kaiser Rudolf einst bekommen haben,
Festhalten und vertheidigen; dass
Wir treu und standhaft zu einander halten,
Wenn einem unter uns Gewalt geschieht.
Ihr seht, das ist der alte Brief und neu
Ist nur, man müsse diesmal gleich vom Wort
Zu Thaten übergehen. — Starkenberg
Ist wohl so gut, dies näher zu erklären.
Starkenberg. Gewiss, der Baiern-Herzog Stephan ist
Mit Heeresmacht im Unterinnthal eingefallen.
Der Aufruf zu den Waffen muss bereits
Am Wege sein.
Einige. So ist's. Man sah den Boten.

Wilhelm. Ich schlage vor, dem Rufe nicht zu folgen,
Bis Friedrich unser Recht nicht neuerdings
Verbrieft.
Oswald. Wass dann, wenn er's nicht thut?
Wilhelm. Er muss;
Gerade jetzt kann er uns nicht entrathen.
Oswald. Wenn's aber doch geschäh'? — Ein solcher
Schritt
Ist nichts, eh' nicht die folgenden bedacht
Und wohl erwogen sind.
Fuchs. Was gibt es da
Noch lange zu bedenken! Thut er's nicht,
Dann künden wir ihm den Gehorsam auf
Und werfen uns dem Kaiser in die Arme.
Oswald. Gebt mir Vergunst Ihr Herrn, und hört mich an.
Fuchs. Dass dir an unserm Recht nichts liegt, ist klar.
Das wissen —
Oswald (unterbrechend). Wer hat das gesagt?! — Verwerf'
Ich drum das Ziel, weil ich den Weg verwerfe,
Auf welchem Ihr es anstrebt? — Nennt es, wie
Ihr wollt. Mir widerstrebt es, jetzt die Noth
Des Gegners zu benützen, um ihm ein
Gelöbnis abzupressen, das er nur
Mit Widerwillen gibt; mir widerstrebt's
Auf unser Recht zu pochen, während wir
Das seinige verletzen. Sind wir nicht
Verpflichtet unentgeltlich dreissig Tag'
Im Feld zu steh'n, für eben unser Recht?
Warum soll jetzt der Herzog uns're Pflicht
Durch neue Willigung erkaufen? Sagt:
Mit welchem Rechte dürfen wir das fordern?
Fuchs. Man schlägt den Feind w i e und w o m i t man
kann.
Oswald. Doch bringt die redlichere Waffe auch
Den ehrenvollern Sieg.

Heinz.   So ist es, Freunde!
Oswald. Und dann — ist Herzog Friedrich unser Feind?
Die Baiern, sagt Ihr, sind ins Land gefallen?
Seht, das sind unsre Feinde. Gilt da noch
Ein anderer Gedanke, als das Land
Zu schützen und vertheidigen? Nicht doch,
Ihr Herren. Dort im baierischen Lager
Ist unser Feind, den müssen wir bekämpfen.
Der Herzog mag wohl unser Gegner sein,
Doch niemals unser Feind.
Fuchs.   An dir hat er
Zu mindest einen warmen Freund.
Oswald.   Gewiss,
Ich bin des Herzogs Freund und sag es offen.
Als Knaben waren wir bei Hof zusammen.
Ich hab' ihn lieb gewonnen und er mich,
Und mag er's auch schon längst vergessen haben,
Ich denke stets in alter Freundschaft seiner.
Fuchs. Es soll dir nicht verwehrt sein, so zu denken;
Wir aber denken anders. Darum wähle, —
Dieweil man nicht zwei Herren dienen kann —
Ob du zu uns, ob du zu Friedrich haltest.
Oswald. Wie meinst du das?
Fuchs (höhnisch).   Ich traf vor kurzer Zeit
Bei Runkelstein mit einem Mann zusammen,
Der statt des Schwertes eine Fiedel trug.
Ich frug ihn, wo er seine Wehr gelassen.
Da meinte er, dass Schwert und Fiedel schlecht
Zusammen passe. Heute hab' ich den
Beweis davon.
Oswald.   Meinst du? Nun, ich dächte,
Du wartest ab, bis ich mein Lied gesungen,
Dann sollst du auch erfahren, dass ich nebst
Der Fiedel meinem Schwerte treu gedient hab'.

Fuchs. Wie lautet denn das Lied, mit welchem du
   Die Falken kirren willst?
Oswald.   Wie jedes Lied,
   Das Friede wecken soll in Feindesherzen —
   Versöhnend! — Glaubt es mir: Der Anschluss an
   Das Reich wird nie gelingen. Habsburg heisst
   Das Haus, an das wir uns zu halten haben!
   Aus freiem Entschluss haben uns're Ahnen
   Sich ihm verpflichtet und hinwiederum
   Aus seiner Hand das gute Recht empfangen,
   Wenn jetzt nicht alles so ist, wie es war,
   So hat doch Habsburg keine Schuld daran,
   Die Z e i t ist eine andere geworden.
   Lasst uns nicht starrsinnig am Alten kleben,
   Um nicht vom Neuen überholt zu werden;
   Denn neue Zeit erfordert neues Recht.
   Ich bitt' Euch, Freunde, wartet bis der Feind
   Vor unsern Schwertern aus dem Land geflohen!
   Dann wollen wir auf Pflicht und Rechten fussend
   Ein neues Recht vom Herzog Friedrich fordern.
   Und dann — markt nicht um Weniges und Kleines,
   Wir könnten sonst das Wichtigste verlieren.
Wilhelm. Das heisst, wir sollen unser gutes Recht
   Zertrümmern lassen, um dann einen Theil
   Hievon als Gnadenschenkung anzunehmen?
   So lang ich Kraft genug hab' meine Hand
   Zur Faust zu ballen, werde i c h mich wehren.
Spauer. Ich will ein Pfaffe werden, wenn ich je
   Von meinem Recht so viel abgebe, als
   Ein Haar aus meinem Barte wiegt.
Fuchs.   Wer ist's,
   Der sich erkühnt uns solchen Rath zu geben?
Oswald. Ich, Oswald Wolkenstein, geb' Euch den Rath
   Mit Friedrich einen Ausgleich anzubahnen.
   Noch mehr, ich selbst will der Vermittler sein.

Ich bin des Herzogs Freund und bin der Eure.
Die Sache, die ich führe, ist auch meine,
Den eig'nen Vortheil wahr' ich mit dem Euren.
Lasst mich beweisen, dass ich's redlich meine,
Mit Euch, mit unserm Recht und mit dem Herzog.
Bin viel und lange durch die Welt gewandert
Und habe mancherlei erfahren. Lasst
Mich meine Kenntnisse für uns verwerten.
Auch hab' ich eine solche Arbeit nöthig.
Mein Leben ist verödet und mein Herz
Verarmt; es auszufüllen, reicher noch
Zu machen, als vorher — schickt mich zum Herzog,
Und Frieden, Recht und Freiheit bring ich wieder!

Einige. Wir wollen uns vergleichen.

Andere.   Gut, es sei!

Fuchs. Nichts da vom Ausgleich!

Andere.   Waffen lasst entscheiden!

(Nachfolgende Sätze werden von den zwei Parteien durcheinander
gerufen, bis sich Starkenberg Gehör verschafft.)

Ich stimme für den Ausgleich! Ich dagegen!
Denkt an den Rottenburger! Wolkenstein
Verbürgt uns Frieden! Wer stimmt für den Aus-
                                            gleich?
Wir halten's mit dem Fuchs! Hoch Wolkenstein!

(Inzwischen ist *Vintler* eingetreten; er geht zu Starkenberg und
spricht mit ihm. Dann ruft *Starkenberg.*)

Wilhelm. Hört Freunde! Hört den Vintler!

Einige.   Hört den Vintler!

Oswald. Was ist geschehen, Freund? Du blickst verstört?

Vintler. Gewaltthat, Schmach und Schande!

Oswald.   Wer hat dir
        Gewalt gethan?

Vintler.   Der Herzog.

Fuchs.   Wieder einer.

Verschiedene. Da habt Ihr's! — Nichts vom Ausgleich! —
　　　　　　　　　　Hört den Vintler.
Vintler. Euch allen ist bekannt, dass ich seit langem
Des Herzogs Säckelmeister bin und ihm
Viel Gelder vorgestreckt, wofür er mir
Des Landes Einkünfte als Pfandschaft gab.
Ihr wisst, dass ich seit Jahren dies Geschäft
Mit aller Redlichkeit und Treue führe,
Und mir mein eig'ner Nutzen niemals mehr,
Oft aber minder galt, als der des Herzogs.
Nun traf vor kurzer Zeit ein Bote ein,
Der mich ans Hoflager nach Innsbruck rief.
Ich sollte kommen Rechnung abzulegen
Und alle Pfandschaft niederlegen.
Einige. 　　　　　　　　　Nein!
Das thust du nicht, die Pfandschaften sind dein!
Fuchs. Der Vintler ist der nächste fette Bissen,
Den sich der Herzog auserkoren. — Sag,
Hast doch den Boten richtig abgefertigt?
Vintler. Ich hiess ihn gehen und nicht wieder kommen.
Kraft off'ner Urkunde und im Vertrauen
Auf meine Redlichkeit und Treue bin
Ich nicht verpflichtet Rechnung abzulegen,
Noch weniger die Pfandschaft herzugeben.
Ich liess darum dem Herzog melden, dass
Er seine Pfandschaft wiederhaben könne,
Sobald er mir die Gelder rückbezahlt.
Fuchs. Das war die Antwort, wie sie ihm gebürte.
Vintler. Hört weiter! Heute wird mir der Befehl,
Ich sei von nun an meines Amtes ledig,
Und so ich bis zum nächsten Neumond mich
Nicht fügen wolle und in Innsbruck stelle,
Soll ich gewärtig sein als Missethäter
Vor das Gericht gestellt zu werden.

Alle. Ah!
Das ist zu viel! Das dürfen wir nicht dulden!
Vintler. Ein Missethäter, ich! Ist das der Lohn
Für meine Treue und Ergebenheit!
Ich bin beschimpft.
Fuchs. Wir alle sind's mit dir!
Nichts mehr vom Ausgleich!
Einige. Ja, der Fuchs hat Recht!
Oswald. Ich bitt' Euch Freunde, hört auch mich!
Fuchs. Nichts da!
Wir wollen keinen Ausgleich!
Einige. Rächt den Schimpf!
Andere. Still! Hört den Wolkensteiner!
Viele. Oswald spreche!
Oswald. Auch diesen Vorfall will ich Euch erklären.
Nicht jeder ist so treu, wie du, Freund Vintler.
Das Amt des Säckelmeisters wurde oft
Und vielfach ausgebeutet. Mancher hat
Die Amtsgewalt missbraucht zu seinem Nutzen;
Drum will der Herzog sie geregelt wissen
Und hat die Säckelmeister einberufen.
Da ist der Grund, weshalb auch du
Gebeten wurdest, Rechnung abzulegen.
Vintler. Gebeten nennst du das?
Fuchs. Ein Schimpf ist es!
Oswald. Das hat der Herzog nicht gethan!
Vintler. Wer sonst?
Oswald. Der Bote hat den Auftrag nicht von ihm.
Ein giftgeschwoll'ner Höfling lieh dem Mann,
Der diese Kunde brachte, seine Zunge;
Denn jedes Wort ist feucht von neid'schem Geifer.
Ein Adeliger denkt und spricht nicht so,
Denkt Euch an Friedrichs Stelle. Fragt Euch selbst,

Ob einer unter Euch so handeln würde?
Ist Friedrich nicht von älterm Adel als
Wir alle?

Heinz.　　　Brav gesprochen, Wolkenstein!
Und braver noch gedacht. Wir dürfen nicht
An die Beschimpfung durch den Herzog glauben,
So lange sie uns nicht erwiesen wurde.
Drum rathe ich dir, Vintler, geh nach Innsbruck,
Und sprich dich selber mit dem Herzog aus.

Fuchs. Ich sage: Nein! Thu's nicht. Denk ans Gericht,
Mit dem man dir gedroht.

Einige (bedenklich).　　　Ja, das Gericht.

Spauer. Was haltest du von dieser Drohung, Oswald?

Oswald. Was ich von Allem halte, — nichts!

Viele.　　　　　　　　　Wie? Nichts?

Oswald. Die Drohung ist zu plump, um Achtung zu
Verdienen. Habt Ihr denn vergessen, dass
Ein Landherr von Tirol von Niemand sonst
Als seinesgleichen kann gerichtet werden?

(*Die Frau des Rottenburgers* ist bei den letzten Worten eingetreten, sie ist schwarz gekleidet und tief verschleiert.)

5. Scene.

Frau Rottenb. So sagt das Recht; in Wahrheit ist es
anders.

Oswald. Was will die Frau?

Wilhelm.　　　　　Wen birgt dies Trauerkleid?

Frau Rottenb. Dies Trauerkleid gilt einem, der hier fehlt
Und nimmer zu ersetzen ist.

Oswald.　　　　　　　Sprecht deutlich!

Frau Rotteub. Ich bin's! (Entschleiert sich.)

Alle.　　　　　Des Rottenburgers Weib!

Wilhelm. Nicht möglich
Wie sollte der in seiner Jugendkraft
Dahin geschieden sein?
Frau Rottenb. Das Elend hat
Ihn für das frühe Grab gereift.
Wilhelm. Wie starb er?
Frau Rottenb. So hört denn meines Mannes schrecklich
Ende!
Dass er verbannt und flüchtig wurde, wisst Ihr.
In Baiern fand er endlich eine Stätte,
Nicht minder gut, als er sie hier gehabt,
Und bess're Freunde als im Vaterlande.
Er hatte wahrlich keinen Grund zur Heimkehr;
Doch gleichwohl hat er sich, verborgen in
Dem Heere Baierns, wieder eingeschlichen.
Wilhelm. So hat uns das Gerücht erzählt.
Frau Rottenb. Sieh doch!
So dienstfertig war das Gerücht? Dass er
Erkannt, verrathen und gefangen wurde,
Verschwieg es Euch, nicht wahr?
Wilhelm. Beim ew'gen Gott,
Das hören wir zum erstenmal.
Frau Rottenb. Auch das,
Dass ihn der Herzog vor's Gericht gestellt?
Wilhelm. Das kann nicht sein. Wo fand er Mannen ihn
Zu richten?
Frau Rottenb. Er bedurfte deren nicht.
Fuchs. Was hab' ich Euch gesagt?!
Frau Rottenb. Er stellte ihn
Vor seine Commissarien und Räthe.
Wilhelm. Mit welchem Recht?
Frau Rottenb. So hab' ich auch gefragt.
»Empörung straf ich selbst,« war Friedrichs Antwort.
Wilhelm. Warum liess uns das Rottenburg nicht wissen?

Frau Rottcnb. Wozu? Er wollte Euer Zaudern nicht
Zum zweitenmal erfahren; lieber hat
Er seine Freiheit wiederzuerlangen
Dem Herzog Urfehde geschworen.
Alle (erstaunt, entsetzt). Ah!
Wilhelm. Der Rottenburger! Nein, es ist nicht möglich!
Frau Rottcnb. Und als er seine Freiheit wieder hatte,
Gebrauchte er sie würdig seiner selbst.
Wilhelm. So wurde er demnach doch freigesprochen?
Frau Rottcnb. Mit dem Beding, dass er die Terminei
Von Leuchtenburg zeitlebens nicht verlasse.
So war er frei und zog mit mir fürbass
Nach Leuchtenburg. Die schwertgewohnte Rechte
Griff wiederholt und jählings an die Seite
Den blanken Stahl ans Tageslicht zu fördern,
Doch eingekeilt von Schwüren blieb er stecken,
Und kraft- und muthlos sank die Hand herab.
Ich las aus seinen Zügen, was er litt.
Ein Leben ohne Kampf war ihm kein Leben,
Die Freiheit ohne Waffen keine Freiheit,
Und beides warf er weg, indem er sich
Den Willkommbecher selbst mit Gift gewürzt.
Der letzte seines Stammes ist nicht mehr.
Wilhelm. Er war ein Mann, und blieb es bis ans Ende.
Frau Rottenb. Wie stumm und kläglich steht Ihr alle da!
Um Euer Mitleid bin ich nicht gekommen.
Nicht schmerzbewegte Züge wollt' ich schauen,
Nicht nasse Augen, nein! Ich bin das Weib
Des Rottenburger! Blanke Klingen zeigt mir!
Die, dacht' ich, müssten aus den Scheiden rasseln,
Wenn ich des Rottenburgers Ende künde,
Und Schwerterklang und Racheschreien müsst
Die Antwort sein. Statt dessen steht Ihr da,
Beschämt, beschimpft vom Grimme eines Weibes!

Wilhelm. Kein Wort mehr von Gesandtschaft an den
Herzog!
Es gilt den Kampf um Rache, Recht uud Freiheit!
Die Schwerter bloss! (Zieht.)
Alle (ziehen blank).   Für Rache, Recht und Freiheit!
Frau Rottenb. Damit das bischen Feuer nicht verlösche,
Die Rachequelle nicht versiege und
Verdunste, nähr' ich sie — mit meinem Herzblut.
(Stösst sich einen Dolch in die Brust und sinkt.)
Alle. Allmächt'ger Gott!
Frau Rottenb. (sterbend, mühsam).
Seht meine That und rächt
Den Rottenburger. Rache, — Rache, — Rache (stirbt).
   (Alle stehen entsetzt und lautlos um die Leiche.)
Wilhelm (nach einer langen, fürchterlichen, todtenstillen Pause).
Beim ew'gen Gott! Bei diesen blanken Schwertern,
Die hier aus grimmgeballten Fäusten drohen;
Bei dieser Leiche lasst uns schwören —
Oswald (kräftig ins Wort fallend).   Halt!
Um Gotteswillen keinen Schwur! Halt ein!
Fuchs. Sprich weiter Starkenberg!
Viele.   Den Schwur! Den Schwur!
Einige. Hört erst den Wolkensteiner!
Viele.   Sprich den Schwur
vor!
Der Starkenberg hat's Wort! Den Schwur! Den
Schwur!
Heinz (mahnt mit erhobener Krücke zur Ruhe).
Ich bitt' Euch, Freunde, übereilt Euch nicht.
Verleiht dem Schwur durch Ueberlegung Wert.
Zu raschen Schwüren folgt meist träges Halten.
Lasst uns wie Männer schwören, nicht wie Knaben.
Mir ist die That zu neu, ich weiss nicht, was
Ich sagen soll. Sprich du, Freund Wolkenstein.

Oswald. Wohlan denn, Freunde, hört mich an!

Heinz. Sprich Oswald!

Oswald. Sind wir es, die des Rottenburgers Tod
Verschuldet haben? — Nein, und nochmals nein!
Sein Starrsinn hat ihm dieses Los bereitet!

Wilhelm. Kein solches Wort in Gegenwart der Leiche!

Oswald. Ihr missversteht mich, Freunde. Ferne ist
Es mir den Leichnam zu beleidigen.
Ich sage nur, was Rottenburg gethan.
Er widersetzte sich dem Herzog ganz
Auf eig'ne Faust, gestützt auf eigne Macht;
Er widersetzte sich, trotzdem er ihm
Als Landeshauptmann Treue zugeschworen;
Er nahm die Würde an und frug Euch nicht,
Ob Ihr damit auch einverstanden seid;
Er widersetzte sich, und wieder frug
Er nicht, ob Euch sein Widerstand nicht schade:
Gestützt auf eig'ne Macht hat er den Kampf
Begonnen, eigenmächtig durchgeführt.
Er wollte grösser werden, als Ihr alle;
Erst als er sich verloren sah, kam er
Und bat um Hilfe, die Ihr ihm mit Recht
Verweigert. War das recht gehandelt? Nein!
Er brach die Pflicht als unser Bundesmitglied.

Einige. Wohl wahr! Er kümmerte sich nicht um uns.

Oswald. Dann floh er aus dem Land und kam — merkt
auf!
Und kam als Feind im Heer des Feindes wieder.
In welcher Stellung stand er bei den Feinden?
Ich sage — nur um Uibles zu verschweigen:
Knecht war er keiner!

Mehrere. Wahr! sehr wahr!

Viele (mit beistimmendem Gemurmel). So ist es!

Oswald. Und dann — wie lautet unser altes Recht
Bezüglich der Gerichtsbarkeit des Adels?

Fuchs. Der Adelige soll den Urtheilsspruch
Von seinesgleichen nur empfangen!
Oswald.   Gut!
Seit wann ist Herzog Friedrich nicht vom Adel?
Worin ist also unser Recht verletzt?
Erscheint Euch etwa gar der Urtheilsspruch
Zu streng? Bedenkt: Er kam als Feind ins Land,
Und ward als freier Mann auf seine Burg
Entlassen! Sagt! Ist dieses Urtheil streng?
Weil er den Frieden hasste, hat er Hand
An sich gelegt. Ist das ein Grund, dass wir
Dem Herzog blut'ge Rache schwören? Nein!
Ihr hättet nicht einmal daran gedacht,
Wenn euch des Weibes Wahnsinn nicht dazu
Verleitet hätte.
Wilhelm.   Oswald!
Oswald.   Wahnsinn, ja!
So nenn' ich diese Racheforderung.
Des Weibes Unglück rührt mich an und für sich,
Ich ehre das Gefühl, das ihr den Dolch
Ins Herz gebohrt, und ihren Mann sowohl
Als sie beweine ich des Irrthums wegen,
Durch welchen sie so grauenvoll geendet.
Allein den Racheruf, den hört' ich nicht.
Des Adels Recht zu wahren sind wir da,
Und müssen hören, dass ein Rottenburg
Das seine überschritt, das unsere
Bei Seite schob und das des Herzogs angriff.
An i h m nicht, nicht an i h r ward es verletzt.
Wir dürfen diesem Racheschrei nicht folgen.
Die Freiheit und das Recht Tirols muss sich
Auf edlere Motive gründen, denn
Auf Rache. — Hört nun meinen Vorschlag, Freunde!
Streicht da im Bundesbrief den Anhang, der
Die Waffenweigerung betrifft, hinweg,

Doch so, dass man noch lesen kann, was dastand,
Damit der Herzog sehe, was zu thun
In uns'rer Macht gestanden wäre, was
Wir aber nicht gethan, weil uns die Pflicht
Vorangeht. — Erst die Pflicht und dann das Recht!
Mit diesem Wahlspruch lasst uns zeichnen. Wollt
Ihr!

Heinz. Gib mir die Feder her.
Wilhelm.   Mir auch!
Alle (mit wenigen Ausnahmen).   Mir auch!
Oswald. So zeichnet denn: Für Friede, Recht und
Freiheit,
Und morgen noch brech ich nach Innsbruck auf.
Alle. Hoch Wolkenstein!
(Drängen sich zur Unterschrift, indem sie die Schwerter versorgen.)
Für Friede, Recht und Freiheit!

(Der Vorhang fällt.)

III. ACT.

(Ein Vorzimmer in der Burg Herzog Friedrichs zu Innsbruck. Rechts vorne ein Fenster, mit dichten Gardinen verhängt. Rechts rückwärts der allgemeine Eingang. Links eine Thür zum Empfangszimmer des Herzogs. Links vorne ein kleiner Tisch mit Schreibzeug. Durch die Mitte des Hintergrundes führt eine Flügelthür in den Festsaal.)

I. Scene.

(Der *Kanzler* tritt von rechts auf, gefolgt von dem *Hauptmann der Burgwache*.

Kanzler. Hat jemand Audienz bei seiner Hoheit?
Hauptmann. Sabine Hausmann.
Kanzler.   Sonst noch jemand draussen?
Hauptmann. Oswald von Wolkenstein und Herr von
                                                        Schwangau
    Sind angemeldet, aber noch nicht hier.
Kanzler. Man führe sie hinein, sobald sie kommen.
    Was gibt es sonst?
Hauptmann.   Durchlaucht hat angeordnet,
    Der Bote Roms soll ohne weiteres
    Zur Audienz gelassen werden.
Kanzler.   Erst
    Zu mir und dann zur Audienz!

Hauptmann. Verzeiht,
Durchlaucht hat ausdrücklich befohlen —

Kanzler. Wenn
Ihm seine Stelle lieb ist, thu' er, was
Ich sage.

Hauptmann. Aufzuwarten, Euer Gnaden. (Beide rechts ab.)

2. Scene.

(*Friedrich* mit *Sabine* von links auftretend.)

Sabine. Noch einmal meinen Dank, Durchlaucht.

Friedrich. Nicht weiter!
Ich preis' den Zufall glücklich, der es mir
Vergönnt, Euch, schöne Frau, bei mir zu sehen.
Ihr seid mir unlängst bei der Jagd zu bald
Entschwunden.

Sabine. Wann?

Friedrich. Nun bei der Falkenjagd.

Sabine. Wie konnt' ich ahnen, dass mich Hoheit der
Beachtung wert gefunden?

Friedrich. Wert gefunden?
Kennt Ihr so wenig Eure Macht, mit der
Ihr alle Herzen zwingt, Euch unterthan
Zu sein?

Sabine. Durchlaucht geruhen jetzt zu scherzen.

Friedrich. Ich werde mich wohl hüten Scherz zu treiben,
Wo ich die ganze Selbstbeherrschung brauche,
Um all dem Zauber nicht zu unterliegen.
Ihr hört die Wunden sprechen, schöne Frau,
Die Eure Anmuth meinem Herzen schlug.

Sabine. Die Wunden müssen nicht gefährlich sein?

Friedrich. Weil sie nur stammeln, wo sie sprechen sollten?
Sie sind noch Kinder, lasst sie älter werden,
Sich an des Daseins Freude erst gewöhnen
Und bessern Ausdruck lernen. Pflegen will
Ich sie mit aller Sorgfalt, Lust und Schmerz,
Bis ihre Mutter kommt, um sie zu sein,
Sie nicht mehr zu verlassen bis ans Ende.
Und kommt sie nicht, so will ich warten, will
Sie hegen, bis sie Greise sind, ich selbst
Zum Greise werde. — Für den Augenblick
Erbitt' ich mir nur eine Gunst.
Sabine.   Durchlaucht —
Friedrich. Tragt diesen Ring zum Angedenken an
Die Schmerzenskinder, die Ihr hier zurücklasst.
Und kommt einst eine Zeit, wo Ihr sie lieb
Gewinnen könnt, dann sendet ihn zurück,
Dann werde er der Bote meines Glückes.
Sabine. Durchlaucht —
Friedrich.   Zerstört nicht meinen Glauben an
Die Hoffnung. Ob sie Wahrheit werde, ob
Sie Wahn bleib', werde ich doch glücklich sein,
So lang ich an sie glauben kann.
(Küsst innig ihre Hand und reisst sich los.) Lebt wohl! (Ab.)

3. Scene.

Sabine. Kaum weiss ich, ob ich wache oder träume.
Das ist des Herzogs Burg, 's ist heller Tag!
Die Sonnenstrahlen fallen blendend durch
Das Fenster, bunt und prächtig leuchten sie
Aus diesem Steine; es ist Wirklichkeit!
Ein H e r z o g ist's, der liebend zu mir sprach! —
Frau Herzogin — verlockend wär' das Ziel,

Wenn's nicht zu thöricht wär' ihm nachzustreben. —
Das Ringlein, wie es gleisst und glänzt am Finger!
Wie's Irrlicht, über sumpf'ge Gründe taumelnd,
Den nachtereilten Wand'rer irreführt
Und ins Verderben lockt, so willst du mir,
Ein flunkernd Ziel vorgaukelnd, meinen Sinn
Umnachten, um mich leichter zu verderben.
Was du versprichst, ist eitel Trug; doch sollst
Du mir zurückerobern, was mir erst
Begehrenswert erscheint, seit ich's verlor.

Oswald (im Vorzimmer draussen sprechend).
Ei, welch Zusammentreffen, schönes Fräulein!

Sabine. Ist das nicht seine Stimme?

Oswald (noch immer draussen). Gott zum Gruss!

Sabine. Er ist's und nicht allein. Jetzt darf er mich
Nicht sehen.
(Flüchtet in die Fensternische, hinter die Gardine.)

4. Scene.

(Es treten auf: *Herr von Schwangau, Margarethe, Oswald*
und der *Hauptmann der Burgwache.*)

Schwangau. Bitte, meldet mich dem Herzog.
(Hauptmann ab.)
Oswald. Wie kam es, schönes Fräulein, dass ich Euch
Auf Runkelstein nicht wiedersah?
Margarethe. Das ist
Nicht meine Schuld. Mein Vater musste Frau
Sabine Hausmann plötzlich heimgeleiten.
Schwangau. Sie fühlte sich nicht wohl und wollte heim.
Und da ich mit ihr kam, war's meine Pflicht

Ihr das Geleit zu geben. Ungern that ich's;
Ich hätt' Euch gar so gerne singen hören.
(Auf seine Tochter deutend.)
Die habt Ihr weidlich in Verlegenheit
Gebracht mit Eurer Mummerei. Geschah
Dir recht, mein Kind; mach' deinen Fehler gut,
Indess ich bei der Audienz verweile.
Ihr seid wohl auch zum Feste hergekommen?
Oswald. Der eigentliche Grund ist das just nicht,
Doch kann's geschehen, dass ich's auch besuche.
Hauptmann. Herr Schwangau, ist's gefällig einzutreten?
Schwangau. Wir sehen uns doch wieder?
Oswald. Ja, gewiss.
(Der Hauptmann lässt Schwangau eintreten und geht dann rechts ab.)

5. Scene.

Oswald. Seid Ihr mir böse wegen meines Scherzes?
Margarethe. Nein, böse bin ich nicht; doch hättet Ihr
Mir die Verlegenheit ersparen können.
Oswald. Wär' ich so fehlerfrei, wie Ihr mich haltet,
Hätt' ich's gethan.
Margarethe. Wie soll ich das verstehen?
Oswald. Dass ich voll Selbstsucht bin.
Margarethe. Das glaub' ich nicht.
Oswald. Als ich mich unerkannt so loben hörte,
Gebrach es mir an Kraft zu sagen, wer
Ich sei. Ist das nicht Selbstsucht?
Margarethe. Wer ist frei
Von aller Eitelkeit?
Oswald. Wohl wahr! Auch sind
Wir Minnesänger ein gar eitles Volk
Und hören gerne uns're Lieder loben;

Am liebsten dann, wenn wir zur Einsicht kommen,
Dass uns're Schaffenskraft viel kleiner ist
Als unser Wille Gutes zu erzeugen.
Wenn man sich dann so weit vom Ziele sieht
Und fürchten muss, dass man es nie erreicht,
Weil unser Geist so sehr am Körper klebt,
Wo er sich auf zum Himmel schwingen möchte, —
Da müsste man verzweifeln, wenn sich nicht
Doch hin und wieder eine Seele fände,
Die sich der Werke freute, die wir schufen.
Des Werkes Anerkennung ehrt den Meister,
Sie treibt ihn vorwärts gegen's ferne Ziel,
Und hat es auch noch keiner ganz erreicht,
Hofft doch der Tüchtige es noch zu greifen.

Margarethc. Wenn Ihr's nicht fasst, fasst's keiner!
Oswald. Meint Ihr, Fräulein!?
Fast mein' ich's selbst; nie hofft' ich's mehr, als
          jetzt.
Vor meinem grossen, heissersehnten Ziel,
Der Kunst, steigt eine Lichtgestalt empor
Und winkt und zieht mich nach. Ihr Weg ist auch
Der meine. Gleiches Denken, gleicher Sinn
Für Schönheit zieht uns mächtig zueinander.
Was sie als Ideal verehrt, — ich streb'
Es an; und halt' ich s i e erst fest, dann will
Ich auch in meiner Kunst das Höchste greifen. —
Ach, Fräulein, heute bin ich wieder froh
Wie neulich, als ich heimwärts wandernd auf
Dem Passe hart beim Ortler stand und auf
Mein schönes Vaterland hernieder schaute.
Auftrinken wollt' ich sie, die Heimatluft,
Die mir zum Gruss die heisse Stirne kühlte,
Als ich die Alpenwelt, im kleinsten selbst,
So unverändert vor mir sah. Da stand
Sie richtig noch, weit aus dem Knieeholz ragend,

Die alte Zierbelföhre, hoch und einsam.
Ihr knot'ger Stamm, voll Harz auf einer Seite,
Mit langem Bart behangen auf der andern,
Trägt eine nadelarme, strupp'ge Krone.
Das knorrige Geäst starrt windzerzaust
Und trotzig in die rauhe, kalte Luft;
Verächtlich droht's hinauf zum ew'gen Eis,
Verachtend sieht's hinab zum letzten Zwerg
Des stammverwandten Holzes. Sie zu grüssen
Nahm ich die Fiedel her und strich sie leise,
Und leise rauschend dankt es aus den Zweigen.
So fand ich da und dort ein trautes Plätzchen.
Da war ein schöner Wald, in dem ich ruhte,
Dort wieder eine Quelle, die mich tränkte,
Und hier ein Schatten, dort ein Wasserfall,
Der mir bei meinem Auszug Kühlung bot,
Und wieder setzte ich mich hin und träumte
Und sah den Fischlein zu im klaren Grund,
Wie sie geschäftig hin und wieder huschten,
Und wieder nahm ich meine Fiedel her
Und sang und spielte, und der Saitenklang
Vermischte sich gar wunderlieb und traut
Mit all' den Tönen der Natur und aus
Des Baches Rauschen klangen alte Märchen
Von Liebesglück und Heimat. — Märlein waren's.
Der Minne süsses Glück besingend, zog
Ich durch die Welt, und als ich heimkam und
Es haschen wollte, da entschwand es wie
Ein Spiegelbild im Wasser, wenn die Hand
Des Schauenden die stille Fläche kräuselt.
Das finstere Gedankenheer des Hasses,
Es stürmte auf mich ein und drohte mir
Den Glauben an die Menschheit zu vernichten.
In dieser Drangsal sah ich Euch, mein Fräulein.
Ein Lichtstrahl Eurer schönen Seele fiel

Verklärend wie ein Morgenroth in meine,
Und wieder fühlt' ich Kraft zu neuen Thaten.

Margarethe. Was Ihr durch mich empfunden haben wollt,
Hat Euer Lied gethan; i c h war es nicht.
So wie der Erde Wasser ewig kreisen,
Das Meer die Quellen nährt, der Quell
Den Bach, der Bach den Strom, der Strom das
Meer,
So kreist des Dichters schöne Kunst im Volk,
Und kehrt als Schaffensfreude wiederum
Zurück, woher sie kam, um abermals
Die Herzen seines Volkes zu erfüllen.
So hat die Macht des ewig Schönen Euch
Die trübe Seele wieder aufgehellt;
Die Herrlichkeit der Schöpfung lehrte Euch:
Das Göttliche hat ewigen Bestand.

Oswald. Ja, ich gesteh's, ich zweifelte daran;
Nun aber will ich wieder gläubig sein,
Und wieder will ich träumen, wie zuvor,
Und was ich träume soll in Liedern klingen,
Die mich und meine Zeiten überdauern.
(In schöner Begeisterung und innig auf Marg. sehend.)
Ich fühle mich dem Lichtquell wieder nah;
Und wenn die Sonne, die dies Morgenroth
In meine Seele wirft, auch niemals aus
Dem Osten stiege, mir ihr Licht zu spenden,
So will ich doch, anbetend ihren Dunstkreis,
Bis an mein Ende auf den Morgen harren! —
(Marg. schlägt in sichtbarer Verwirrung die Augen nieder.)

Oswald (sich inniger an Gretchen wendend, und ihre Hände fassend).
Mich dünkt, er bricht schon an; doch weiss ich's
nicht,
Und fragen mag ich nicht, weil ich nicht will,
Dass Wolken meine Morgenröthe trüben.

6. Scene.

Schwangau. Nun Gretchen, machtest du den Fehler gut?

Margarethe. Ja, Vater; Herr von Wolkenstein und ich
    Sind Freunde. (Zu Oswald.) Sind wir's nicht? —

Oswald.   Bis in den Tod
    Der Eure!

Schwangau.   Sehen wir uns noch beim Feste?

Oswald.   Ja!

Schwangau. Nun dann — auf Wiederseh'n!

Margarethe.   Auf Wieder-
                                    sehen!

(Oswald küsst ihr stumm die Hand und geleitet sie bis zur Thür.)

8. Scene.

Oswald. O glückverheissend Morgenroth, dass du
    Bald vor dem Sonnenstrahl der Liebe schwändest!
        (Zum Fenster eilend.)
    Vielleicht erhasch ich hier noch einen Blick.
        (Zurückprallend.)
    Das hofft ich nicht zu finden! Pfui, du hast
    Gelauscht!

Sabine.   Ich that es nicht aus Absicht, Oswald.
    Ich wollte eben gehen, als du kamst,
    Und nur um die Begegnung zu vermeiden,
    Verbarg ich mich da hinter der Gardine
    Und wurde so ein Zeuge des Gespräches.
    Nun weiss ich erst, wie weh ich dir gethan,
    Und anderntheils erfuhr ich auch, wie sehr
    Du mich verkennst. O lass dir sagen, Oswald —

Oswald. Wir hätten uns nichts mehr zu sagen, dächt' ich.

Sabine. Bei Allem, was dir lieb ist, hör' mich an.

Oswald. Man schwört bei dem, was Einem heilig ist.

Sabine. O schmäh' mich, wie du willst, nur hör' mich an!

Oswald. Ich will nicht, nein!

Sabine. Bei meiner armen Seele —

Oswald. D e r Schwur ist besser, doch, ich will nichts
        hören!

Sabine. Unwürdig, sagst du, sei ich wahrer Liebe?
Und weisst du auch, wie tief mich das verletzt?
Mit keinem Worte konntest du mich mehr
Beschimpfen, als mit diesem. Nimm's zurück
Und sage mir, dass du's im Zorne sprachst.
O widerruf es — dieses rasche Wort!

Oswald. Sobald du mir das Gegentheil bewiesen.

Sabine. Das kann im Augenblick geschehen. Sieh,
Der Herzog gab mir eben diesen Ring.
An ihm hängt Macht und Reichthum. Oswald höre:
Wenn du dein hartes Wort zurücknimmst, werf'
Ich diesen Ring und Macht und Reichthum weg.

Oswald. Bedingte Tugend ist nicht wahre Tugend,
Und vollste Achtung fordert höhern Preis.

Sabine. Und welchen?

Oswald. Tugend um der Tugend willen.

Sabine. Wenn ich den Ring behalte, ihn nicht nütze,
Sag Oswald: Ist dir das Beweis genug?

Oswald. Du sollst ihn nicht behalten. Wirf ihn weg;
Es sei vergessen, was ich sagte.

Sabine. Nein!
Beweise wolltest du, du sollst sie haben. (Ab.)

9. Scene.

Oswald. Ich wünsche, dass ihr Wankelmuth sie nicht
Zum Falle bringe. I c h bin frei von Schuld.
Wer fällt, wenn ihn Versuchung lockt, fällt auch,
Wenn sie ihm mangelt, denn er sucht sie auf.

10. Scene.

Friedrich. Wer seid Ihr, und was wollt Ihr hier?
Oswald. Durchlaucht,
Ich suche hier das Recht.
Friedrich. Und Euer Name?
Oswald. Oswald von Wolkenstein.
Friedrich. Ist's möglich! D u bist's?!
Ja, ja! Die Züge sind's, wenn auch dein Haar
Ergraut ist. Hätte dich wahrhaftig nicht
Erkannt. Wie lange sahen wir uns nicht?
Oswald. Es dürften wohl an dreissig Jahre sein.
Friedrich. So lange ist es her?!
Oswald. Ja wohl, Durchlaucht.
Friedrich. Was hat dein Scheitelhaar so früh gebleicht?
In deine jugendlichen Züge hat
Der Sorge Griffel noch nichts eingeschrieben.
Oswald. Vor fünfundzwanzig Jahren litt ich Schiffbruch
Und ritt auf einem Fass durch's Mittelmeer;
Am fünften Tag kam ich ergraut an's Ufer.
Friedrich. Nun denn, sei mir willkommen, Jugendfreund!
Oswald. Ich freue mich und kann es auch wohl brauchen,
Dass Hoheit unsrer Jugendzeit gedenken.
Friedrich. Schon wiederum so ernst? Sei fröhlich, Oswald,
Und theile meine Freude heut' beim Feste,
Ich feiere den Friedenschluss mit Baiern.
Oswald. Gott gebe, dass er Euch und uns beglücke!

Friedrich. Wer ist mit diesem »uns« gemeint?
Oswald.   Das Land,
   Der Adel und das ganze Volk.
Friedrich.   Das sieht
   Ja aus, als kämest du als Abgesandter?
Oswald. Des Adels, ja, so ist es.
Friedrich.   Desto besser!
   Und doppelt herzlich heiss ich dich willkommen!
   Du kommst doch wohl — wie soll ich denn gleich
                                        sagen —
   Als Freund, als Ueberläufer her?
Oswald.   Als Freund
   Gewiss, doch nicht als Ueberläufer.
Friedrich.   Nenn'
   Es wie du willst. Ich weiss, du kommst als Freund,
   Und das genügt. Ich danke dir, dass du
   Auf Greifenstein so warm für mich gesprochen.
Oswald. Wie, Hoheit wüssten?
Friedrich.   Alles weiss ich, Oswald!
   Ein gold'ner Schlüssel öffnet alle Thore.
Oswald. Verzeiht, Durchlaucht, es wäre besser, wenn
   Ihr seine Kraft im eig'nen Lande nicht
   Versuchtet.
Friedrich.   Hm! — Weshalb?
Oswald.   Wer steht dafür,
   Dass er nicht solche Schlösser öffnet, die
   Euch dienlicher verschlossen blieben.
Friedrich.   Ja,
   Du hast wohl recht, doch giebt's kein and'res
                                        Mittel
   Gewisse Dinge zu erfahren.
Oswald.   Doch;
   Ich wüsste eines, Hoheit.
Friedrich.   Und das wäre?
Oswald. Es heisst: Vertrauen.

                                        4*

Friedrich (betreten).　　　　Wie ?!
Oswald.　　　　　　　　　　Vertrauen zeugt
Vertrauen. Bringt es uns entgegen, Hoheit,
Und tausendfältig sollt Ihr's wieder haben.
Friedrich. Wann hätt' ich es verweigert?
Oswald.　　　　　　　　　Oft und oft
In letzter Zeit, wo es so nöthig war.
Der Adel weiss —
Friedrich.　　　　Der Adel ist mein Feind!
Oswald. Ein Gegner muss nicht allemal ein Feind sein;
Dasselbe sagte ich auf Greifenstein,
Als man von Euch als einem Feinde sprach.
Friedrich. Gestützt auf alte Rechte widersetzt
Er sich, wo er nur immer kann. Wie nennst
Du das?
Oswald (mit Nachdruck). Gestützt auf alte Rechte, Hoheit.
Friedrich. Was Recht! Mein Recht ist grösser als das
Eure.
Oswald. Darum ist unseres doch wohl nicht schlechter?
Des Rottenburg Bestrafung —
Friedrich (unwillig einfallend).　　　War sie nicht
Gerecht?
Oswald.　　　　Gewiss, Durchlaucht; und gleichwohl war's
Ein Eingriff in des Adels Recht. Ihm kommt
Es zu solch einen Uebergriff zu strafen.
Friedrich. Das ist das Recht der Landherrn. Bin ich
keiner?
Oswald. Doch stehen Hoheit über den Parteien.
So war es auch gemeint, als man das Recht
Des Adels und der Stände festgestellt.
Seid überzeugt, Durchlaucht, dass Rottenburg
Nicht glimpflicher davon gekommen wäre,
Wenn ihn der Adel abgeurtheilt hätte.
Friedrich. Aus vielen Gründen muss ich das bezweifeln.

Oswald. Mit Unrecht, Hoheit; ganz gewiss mit Unrecht;
Seht alle diese Urtheilsfälle durch;
Ihr werdet keinen ungerechten finden.
Im Adelsstand sind Lumpe nicht geduldet!
O schenkt uns das Vertrauen wieder, Hoheit,
Und Ihr sollt sehen, welche Frucht es trägt.
Der Adel überwacht sich selbst am besten.
Des Starken Eifersucht verhindert, dass
Ein Schwächerer auf fremde Kosten wachse.
Der Rottenburger wäre nie so stark
Geworden, hättet Ihr ihn nicht dazu
Gemacht. Man sah mit scheelen Blicken schon
Seit langem seine Grösse drohend wachsen,
Und wartete nur auf Gelegenheit
In seine Grenzen ihn zurückzuweisen.
Dass Ihr es selbst gethan, hat Euch geschadet.
Man sieht die Strafe als Gewaltthat an;
Man fürchtet sich vor einem gleichen Los,
Und manches Schwert ward locker in der Scheide.
Und nicht allein der Adel, auch das Volk
Ist unzufrieden, weil es schutzlos ist.
Geschah dem Bauer ehedem ein Unrecht,
So trug er es am Tage des Gerichts
Den Mannen vor. Die sagten ihm das Recht an,
Von Euch ward es bestätigt und sodann
Der Adel mit der Durchführung betraut.
Seitdem das letztere nicht mehr geschieht,
Ist's um das Recht des Volkes schlecht bestellt.
Ihr könnt zu gleicher Zeit nicht da und dort sein,
Drum gährt es überall, wo Ihr nicht seid,
Und der Empörung fürchterlich Gespenst
Schleicht angsterweckend durch das Vaterland.
O steigt herab Durchlaucht von Euer Höhe
Und kehrt vertrauungsvoll zu uns zurück,
Und wiederum wird Sicherheit und Friede

Im Lande segensreiche Einkehr halten.
Der ist ein wahrer Fürst, der hilfbereit
Und liebreich unter seinen Völkern wandelt;
Der braucht nicht Wehr und Waffen sich zu
            schützen.
Friedrich. Wenn alle dächten so wie du, dann ja.
Oswald. Sie denken so, Durchlaucht, sie denken so!
Wir alle wünschen Frieden, — Recht und Freiheit
Nur insoweit, als die Gesetze lauten,
Und das zu bitten kam ich her, Durchlaucht.
Nehmt diesen Bundesbrief und überzeugt Euch,
Dass wir nicht mehr verlangen als wir dürfen.
Bestätigt ihn, und Alles sei wie früher.
Friedrich
(liest und unterbricht sich ab und zu mit nachfolgenden Sätzen).
Das sind die alten Rechte. — Gut. — Die will
Ich Euch bestätigen. — — Was ist denn das?
(Liest mit immer steigender Heftigkeit.)
»Wenn Herzog Friedrich unser Recht nicht wahrt
Und neuerdings verbrieft, so soll vom Wort
Zur That gegangen werden. Keiner soll
Dem Waffenruf des Herzogs Folge leisten!«
Das unterschreib' ich nicht! Das ist Empörung!
Oswald. Durchlaucht, die Stelle ist durchstrichen.
Friedrich.   Gleichviel!
Ich lasse mich durch Drohungen nicht schrecken.
Oswald. Durchlaucht, sie ward verfasst und auch gelöscht,
Als Ihr mit Baiern noch auf Kriegsfuss standet.
Ich durfte Euch den Brief, da Friede ist,
Nicht zeigen, that es aber doch, um zu
Beweisen, dass ich's ehrlich meine.
Friedrich (mit gleichem Unwillen wie oben). Nein!
Das unterschreib' ich nicht.
Oswald (sehr kühl).   Dann hab' ich mich
In Euch geirrt, Durchlaucht.

Friedrich. Geirrt? — Wieso?
Oswald. Als Knabe wart Ihr grossmüthig und edel.
Ihr spracht zu mir von grossen Friedensplänen,
Mit denen Ihr das Land beglücken wolltet;
Nun seh' ich, dass die Zeiten manchen ändern.
Friedrich. Du baust zu viel auf uns're Jugendfreundschaft!
Oswald. Ich hielt den Grund, worauf wir sie erbauten,
Für einen Felsen; nun erfahr' ich, dass
Es weiter nichts als Sand gewesen.
Friedrich (drohend mit erhobener Stimme). Oswald!
Oswald. O dass mich Euer Zorn zermalmte
Und meinen Freunden den Beweis erbrächte,
Dass ich den Bundesbrief nicht preisgegeben,
Um mich verrätherisch hier einzuschmeicheln.
Werft immerhin mein väterliches Schloss,
Den Hauenstein, herab von seinem Felsen!
Ich will ein Bettler lieber sein, als nur
Für einen Augenblick ein Schurke scheinen!
Mich tröstet der Gedanke, dass ich herkam
Das Glück des Landes, — und auch Eueres
Zu fördern; dass es nicht gelang, muss ich
Des armen Volkes wegen tief bedauern.
Ob Ihr des Adels Rechte anerkennt,
Ob nicht, was kümmert's mich. Mir gilt es gleich!
Ein Minnesänger bin und bleibe ich,
Nie werde ich nach Macht und Reichthum streben;
Und finde ich im Heimatland kein Ohr,
Das dem Gesange lauscht, so troll' ich mich
Hinaus in sangesfrohe, fremde Länder.
Mein Reichthum ist mein Lied, den raubt mir
                                        keiner!
             (Mit ganz geändertem, geziemendem Tone.)
Was ich zu sagen hatte, sagen musste, ist
Gesagt. Nun bitt' ich Euch, Durchlaucht, entlasst
                                        mich.

Friedrich. Geh hin! —

(Oswald verbeugt sich sehr förmlich und geht. Fried. sieht ihm bewegt
nach; wenn Oswald die Thür erreicht hat, ruft er ihm nach.)

Vergiss nicht auf den Bundesbrief;
Ich will ihn d i r z u L i e b e unterschreiben.

Oswald (kehrt sich um und bleibt an der Thür stehen.)
Wenn Ihr's nicht um das Wohl des Volkes thut,
Dann unterlasst es, Hoheit. Wenn Ihr's thut,
So sollt Ihr es aus ganzem Herzen thun.

Friedrich. Aus ganzem Herzen denn! Bist du's zufrieden?

Oswald (Fällt ihm zu Füssen). Habt Dank im Namen aller
Unterdrückten!

(Der Herzog unterschreibt. Pause.)

II. Scene.

Kanzler. Durchlaucht! dies bringt der Bote Rom's.

Friedrich (die Schrift abnehmend). Lasst sehen.

(Nachdem er das Schreiben eröffnet und gelesen zu Oswald.)

Du weisst, dass man die Kirchenfürsten zum
Concil nach Constanz einberief, um dort
Die Papstwahl vorzunehmen.

Oswald. Ja, Durchlaucht.

Friedrich. Der Kaiser hat uns gleichfalls hinbestellt,
Um uns den Lehenseid dort abzunehmen.
Ich aber will nicht hin, weil ich als Fürst
Und Landherr von Tirol berechtigt bin,
Den Lehenseid hier in Tirol zu leisten.
Bestimmte Gründe zwingen mich dazu,
Von meinem Recht Gebrauch zu machen. Aber —
Nach Constanz möcht' ich doch, weil Papst Johannes,
Der dreiundzwanzigste, in diesem Brief

Mich bittet, ihn nach Constanz zu geleiten
Und ihn, wenn's nöthig wird, dort zu beschützen.
Oswald. Das thut Ihr nicht, Durchlaucht!
Friedrich. Warum denn nicht?
Oswald. Für's Erste braucht er keinen Schutz in Constanz,
Wenn er befolgt, was das Concil verfügt;
Und thut er's nicht, so dürft Ihr ihn nicht schützen.
Des Kaisers Zorn wäre Euch gewiss,
Gar nicht zu reden vom Concil! Nein, nein!
Das dürft Ihr nie und nimmer thun, Durchlaucht.
Welch Jammer bräche über's Land herein,
Wärt Ihr vertrieben oder eingekerkert,
Und eins von beiden wäre Euer Los.
Kanzler. Bedenkt noch Hoheit, dass der Bischof von
Trient Euch beim Concil verklagen wird.
Doch habt Ihr seine Klage nicht zu fürchten,
Wenn das Concil Johannes anerkennt,
Denn seine Heiligkeit ernennen Euch
Zum General und Hausrath seines Staates.
Oswald. Und böte er Euch Tonnen Goldes, Hoheit, —
Ihr dürft's nicht thun! Der Kaiser mag ihn nicht,
Darum ist seine Wahl sehr zweifelhaft.
Und — Dienst bleibt Dienst, Durchlaucht, und gar
bei Pfaffen!
Thut's nicht!
Kanzler. Ich dächte, dass dem Oberhaupt
Der Kirche etwas mehr Respect gebüre?
Oswald. Vieleicht hab' ich vor diesem mehr Respect
Als Ihr, Herr Kanzler. Wollt mir nur beweisen,
Johannes sei das wahre Oberhaupt.
Es streiten sich drei Päpste um den Titel.
Und was den Bischof anbelangt, Durchlaucht —
Lasst ihn doch klagen! Habt Ihr recht gehandelt,
Was braucht Ihr dann des Papstes Schutz? Und habt

Ihr Unrecht, wird Euch Seine Heiligkeit
Nicht schützen. (Höhnisch gegen den Kanzler.)
   Sagt! Was meint denn Ihr, Herr Kanzler?
Friedrich. Ja, Oswald, du hast Recht; dir folge ich.
Nun aber komm mit mir zum Friedensfest;
Es sei ein doppeltes, nach aussen und
Nach innen. — Gebt dem Landmarschall Befehl
Den Papst geziemend durch mein Land zu führen.
Kanzler. Sehr wohl Durchlaucht! Ich werde dafür sorgen;
 (Nachdem Fried. mit Osw. durch die Mittelthür ab ist:)
Dass Ihr trotz alledem ihn selbst geleitet.
(Folgt den beiden nach. Man erblickt durch die geöffnete Flügelthür
den Festsaal.)

Verwandlung.

(Friedrich sitzt mit seiuen Gästen an einer langen Tafel im Festsaale.
Zur rechten Hand des Herzogs sitzt Sabine, zur linken Oswald und
neben diesem wieder Margareth. Die ganze Tafel ist von Hofherren
und Damen dicht besetzt. Die baierischen Festgäste erkennt man an
weissblauen Schärpen. Das Mahl ist eben beendet. Alles scheint in
gehobener Stimmung zu sein. Rechts vorne ist eine kleine Tribüne,
darauf ein Stuhl und eine Harfe. Auf der im Hintergrunde befindlichen
Gallerie besorgen Musikanten die Tafel-Musik.)

12. Scene.

Friedrich. Lasst uns des Mahles fröhlichen Verlauf
 Mit einem Trunk auf gute Nachbarschaft
 Beschliessen. Baiern lebe hoch!
Alle.   Hoch Baiern!
Baiern. Es lebe Herzog Friedrich! Hoch Tirol!
  (Stossen an und trinken sich zu.)

Friedrich. Nun wollen wir des Tages frohe Stimmung
Bei Tanz und Spiel bis in den Morgen dehnen.
Doch ehe wir den Reigen noch eröffnen,
Soll uns Freund Wolkenstein ein Liedlein singen,.
Begleitet von der Harfe süssen Tönen.
Oswald. Was soll es sein, Durchlaucht?
Friedrich.   Ein Liebesliedt
Hab' ich den Wunsch getroffen, schöne Frau?
Sabine. Das fällt dem Sänger heut' nicht allzuschwer.
Oswald. So ist es! Schöne Nachbarschaft begeistert.
Kanzler. Durchlaucht, ich bitte auf ein Wort.
Friedrich (ungeduldig).   Was giebt.
Es denn schon wieder?! — Ihr gestattet?
Sabine.   Bitte!
Oswald. Was soll ich singen? (Zu Marg.)
Margarethe.   Sagt und singt von dem,.
Was Euch bewegt.
Oswald.   So sei es denn versucht,
Die Schönheit jener Ideal-Gestalt,
Nach der in heisser Sehnsucht ich verlange,
Mit einem Liede zu verherrlichen,
So weit als meine schwachen Kräfte reichen.
(Geht auf die Tribüne und praeludiert eine Weile. Fried. steht mit
dem Kanzler abseits, links vorne.)
Friedrich. Und kurz und gut: Ich will ihn nicht geleiten.
Kanzler. Durchlaucht, der Kaiser ist ein Luxenburger;.
Die waren Eurem Hause niemals hold,
Und Sigmund ist nicht besser als die andern. —
Sobald Ihr Hilfe braucht, seid Ihr allein,
Wenn Ihr Euch mit dem Papste nicht verbindet.
Ganz abgesehen von des Bischofs Klage
Kann Euch der Papst in Constanz nützlich sein.
Bedenkt das, Hoheit, und geleitet ihn.
Es muss darum nicht offenkundig werden.

Es giebt von hier nur e i n e n Weg nach Constanz —
Ihr trefft mit ihm von ungefähr zusammen.
Friedrich. Von ungefähr — ? in diesem Sinne wag' ich's.
Kanzler. Und darf ich das dem Papste melden lassen?
Friedrich. Nun meinetwegen — meldet, was Ihr wollt.
Bist du bereit jetzt, Oswald?
Oswald. Ja, Durchlaucht.

(Melodramatisch mit. Harfenbegleitung vorzutragen.)

Lieb Mägdelein, wenn ich dich schaue, dann mein' ich ein Englein
im Himmel zu sehen,
Und trunken vor endloser Wonne versenk' ich mein Auge anbetend
in deines.
Was immer die Götter sonst Schönes erschufen, dich kann's nicht,
dich wird's nicht erreichen,
Sie haben an deiner bezaubernden Anmuth und Schönheit sich selbst
übertroffen!
Und darf ich auf Erden dich niemals in seliger Wonne liebkosen,
dort oben,
Wo alle sich gleich sind, wo alle sich liebend umfangen, dort oben
bist mein du!
Dort will ich Dich herzen und küssen und kosen, du Geistesverwandte,
und hauchen:
Geliebte! lass unsere Seelen, die längst sich gehören, in Eine ver-
schmelzen
Und also zum ewigen Kusse gepaaret das Weltall der Schöpfung
durchwandern!

(Lässt die Harfe ausklingen und verlässt dann die Tribüne.)
(Beifallsbezeugungen von Seite der Anwesenden.)

Friedrich. Im Namen Aller danke ich dir herzlichst.
Ich will dich ehren wie du es verdienst. —
(Lässt sich einen Lorbeerkranz reichen.)
Ein Lorbeerzweig umgrüne deine Locken.
Wie dieses Baumes schöner Blätterschmuck

Nicht welkt, wenn rings auf weiter Flur der Herbst
Schon jedes Blatt an Busch und Strauch gefärbt, —
Nicht abfällt, wenn die Sonne nach dem Frost
Den bunten Wald entblättert, sondern fortgrünt
Des jungen Lenzes frischen Spross zu grüssen,
So lebt und grünt dein duft'ger Liederstrauss
Bis an des letzten deutschen Mannes Ende. —
Kommt Fräulein Margareth! Ihr sollt als Bild
Der ewig jungen Kunst den Sänger krönen.

Margarethe (den vor ihr knieenden Osw. bekränzend).
So nehmt aus Händen, die verwelken werden,
Das Sinnbild unvergänglicher Gedanken.

(Die Musik spielt einen Tusch. Alles drängt sich vorwärts zur Gruppe.
Diener entfernen die Tafel. Sabine ringt etwas abseits nach Fassung ;
stützt sich endlich auf einen Hofherrn und spricht halblaut, aber im
Publikum deutlich vernehmbar zu demselben.)

Sabine. Geleitet mich nach Hause; macht kein Aufseh'n !
(Winkt ihren Pagen heran und giebt ihm des Herz. Ring.)
Gieb diesen Ring dem Herzog, wenn ich fort bin.
(Inzwischen ist die Musik leise verklungen.)

Oswald. Und darf ich meine Sonne fragen, ob
Sie scheint? — Sag, Gretchen, darf ich ?!

Margarethe.   Ja.

Oswald (ihre Hände fassend und küssend).   Mein Gretchen!
(Osw. springt auf und spricht in glückseliger Verwirrung zu Gretchen.)
Was mich erfüllt, ich kann's nicht sagen, Gretchen.
Ich muss mich erst an dieses Glück gewöhnen.
Das Eine aber weiss ich, dass ich dich,
Mein süsses Lieb, auf Händen tragen werde.
Durchlaucht, verzeiht —

Friedrich.   Was soll ich dir verzeihen?

Oswald. Dass ich mein Glück nicht schicklicher verberge.

Friedrich. Verkünden solltest du's und nicht verbergen!
Und weil du's nicht gethan, will ich es thun!
Glück auf zur Wahl! Das Brautpaar lebe hoch!
Alle. Das Brautpaar lebe hoch! Es lebe hoch!

(Nachdem der Herzog ihnen die Hände gereicht, umstürmen sie die andern; und wie der Herzog mit sichtlicher Freude dem Drängen zusieht, überbringt der Page Sabine's den Ring. Er betrachtet ihn erst erstaunt und ruft dann voller Freude.)

Herzog. Spielt auf zum Tanz! Wir wollen fröhlich sein!

(Die Musik beginnt zu spielen.)

(Der Vorhang fällt rasch.)

IV. ACT.

(Friedrichs Vorzimmer in Constanz, es ist sehr schlicht, fast dürftig möbliert. Links eine Thür zum Gemach des Herzogs, rechts eine in das des Kanzlers. Rechts vorne ein Fenster, links ein Tisch und ein paar Holzstühle. Der allgemeine Eingang ist in der Mitte des Hintergrundes.)

I. Scene.

Hauptmann (meldend).
Herr Kanzler — Der Geheimschreiber des Papstes.
Kanzler. Er trete ein.
(Der Hauptmann geht ab und lässt Zab. eintreten.)
Ich heisse Euch willkommen!
Was steht zu Diensten?
Zabarella.   Ist Durchlaucht zu sprechen?
Kanzler. Er muss im nächsten Augenblick erscheinen.
Zabarella. Ich kann nicht warten.
Kanzler.   Ei, warum so eilig?
Zabarella. Der Boden wird uns hier zu heiss; drum fort,
Bevor er brennt. In wenigen Minuten
Liegt Constanz hinter uns.
Kanzler.   Wie wollt Ihr fort?
Zabarella. Wir geben uns den Anschein frische Luft
Zu schöpfen, wandern so zum Thor hinaus,
Und draussen harren schon zwei schnelle Pferde,

Die uns mit Windeseile weitertragen.
Seid von der Güte, überbringt dies Schreiben
Nebst einem Gruss von Seiner Heiligkeit
Dem Herzog.
Kanzler.   Was enthält es? Darf man's wissen?
Zabarella. Des Papstes Dank für Seiner Durchlaucht
       Dienste.
Und das hier ist für Euch. Und nun — lebt wohl!
Kanzler. Gott gebe, dass die Flucht gelingt! — Glück auf.

(Begleitet Zabarella hinaus; dann liest er seinen Brief.)

2. Scene.

Kanzler. »Es werden Euch hiemit fünftausend Gulden
In Gold für Eure Dienste angewiesen.
Wir bleiben Euch gewogen — Papst Johannes.«
Ein golden Brünnlein hat sich aufgethan,
Und quillt es munter fort, dann wird die Zeit
Der heissersehnten Unabhängigkeit
Nicht allzuferne sein. — Fünftausend Gulden!

3. Scene.

Sabine (kommt unangemeldet und allein).
Wer schlich sich eben aus dem Hause?
Kanzler. Des Papstes Secretär wars — Zabarella.
Sabine. Was hat er hier gewollt?
Kanzler.   Er trug mir auf
Des Papstes hohen Dank Euch auszurichten.
Das Bündnis zwischen ihm und Herzog Friedrich
Ist Euer Werk, und Euer Name glänzt
Im Schuldenbuch des Papstes obenan.

Der Dienst kann Euch zu hohen Ehren bringen
Und möglich machen, dass gewisse Dinge —
Verhältnisse doch noch verwirklicht werden.
Sabine. Genug! (Unwillig).
Kanzler. Ich hätte eben meine Freude, wenn
Auch einmal das Verdienst zn Ehren käme,
Sobald sich's um des Herzogs Ehe handelt.
Man ist bereits beschäftigt mit der Frage.
Ich hörte unlängst, Oswald habe ihm
Princessin Anna vorgeschlagen.
Sabine (erschrocken). Wen?
Kanzler. Princessin Anna.
Sabine. Welche?
Kanzler. Die von Braunschweig.
Sabine. Der Wolkensteiner rieth das?
Kanzler. Ja, so sagt man.
Sabine (für sich). Schon wieder er.
(Wendet sich ihre Erregung zu verbergen zum Fenster.)
Kanzler (hat es bemerkt). Ob's wahr ist, weiss ich nicht.
Sobald ich mehr und Sicheres erfahre —
Sabine. Da kommt der Herzog mit dem Wolkensteiner!
Verbergt mich!
Kanzler. Tretet hier in meine Stube.

4. Scene.

Kanzler. Wie ungleich sie und ich! und streben doch
Nach e i n e m Ziel, nach Unabhängigkeit
Und Macht. Mit einer Herzogskrone meint
Sie zu erreichen, was bei völl'ger Freiheit
Ihr nur das vielgescholt'ne Geld kann geben.
Es gipfelt ja doch alle Macht im Gelde,
So lange es der Menschen Thorheit anerkennt
Und man nicht bess're Werte dafür einsetzt.

5. Scene.

Friedrich. Wann bist du eingetroffen hier in Constanz?

Oswald. Vor kaum drei Stunden.

Friedrich.   Und du willst schon wissen,
Dass ich der beste Freund des Papstes sei?

Oswald. Verleumdung pflanzt sich eben fort wie's Unkraut;
So wird's wohl auch in diesem Falle sein.
Ihr wisst doch, welch ein Unheil für Tirol
Aus diesem Bündnisse erwachsen könnte.
Drum glaub ich nicht, dass Ihr es eingegangen.

Friedrich. Was giebt es Neues, Kassler?

Kanzler (des Papstes Schrift überreichend).   Nichts als dies.

Friedrich (nimmt das Schriftstück, liest es und übergiebt es wieder
dem Kanzler.)
Verwahrt es gut! (Kanzler ab.) Nun wär' ich glücklich,
Oswald!
Doch etwas fehlt noch.

Oswald.   Darf ich's wissen, Hoheit?

Friedrich. Der Kaiser will, dass ich mein Lehen hier
Empfange, nicht in Innsbruck.   `

Oswald.   Scheint Euch das
So wichtig?

Friedrich.   Ja, mein Freund! Wenn er mich dort
Belehnt, wird das dem Adel ein Beweis,
Dass ich auf gutem Fuss mit Sigmund stehe
Und nöth'gen Falls auf Hilfe rechnen könnte,
Wenn meine Landherrn mir zu üppig werden.

Oswald. Ist's weiter nichts als das? Das lässt sich
machen.

Friedrich. Wie kannst du das?

Oswald.   Der Kaiser ist mein Schuldner.

Friedrich. Wie das?

Oswald.   Ich war so glücklich ihn mit List
Vor seinen ärgsten Feinden zu eretten,

Als er auf Blindenburg gefangen lag.
Genug, er ist mein Schuldner. Heute will
Ich ihn daran erinnern.
Friedrich.   Wie, du wolltest —
Oswald. Ihr sollt den Lehenseid in Innsbruck leisten!
Friedrich. Wie soll ich diese Güte dir vergelten?
Oswald. Das Schicksal giebt mir ohnedies zu viel.
Mein Gretchen wird mir morgen angetraut.
Friedrich. Du Glücklicher! Dann freilich kann ich dich
 · Mit nichts Vergleichbarem erfreuen.
Oswald.   Doch!
Versprecht mir mit Johannes nichts gemein
Zu haben, bis er durch Concils-Beschluss
Zum Papst ernannt ist.
Friedrich.   Ja, jetzt kann ich thun,
Was noch vor kurzer Zeit unmöglich war,
Weil mich mein Wort an ihn gebunden hielt.
Oswald. So ist es also wahr, was ich gehört?
Der Kaiser würde Euch das schlecht vermerken,
Wenn er's erführe.
Friedrich.   Sei getrost. Was war,
Ist abgethan; jetzt soll es anders werden.
Oswald. Wo stieg der Kaiser ab?
Friedrich.   Gleich nebenan.
Oswald. Ich kehre frohe Botschaft bringend wieder.
Ich danke dir mein Freund. (Oswald ab.)

6. Scene.

Kanzler.   Durchlaucht, man ist
Bereitet zum Tournier hinauszureiten.
Friedrich. Habt Ihr den Platz hiefür schon ausgemittelt?
Kanzler. So wie befohlen, Hoheit, — vor dem Stadtthor.
Friedrich. Man sattle mir ein Pferd; ich reite mit!

5*

Kanzler. Sehr wohl, Durchlaucht. (Will ab.)

Friedrich. Noch eins! Habt Ihr den Brief
Des Papstes wohl verwahrt?

Kanzler. Gewiss, Durchlaucht.

Friedrich. Dass er Geheimnis bleibt!

Kanzler. Durchlaucht —

Friedrich. Noch besser,.
Vernichtet ihn, und damit sei er mit
Dem Inhalte vergessen.

Kanzler. Zu Befehl. (Rechts ab.)

Friedrich (allein). Wär' ich zu allen Zeiten so berathen,.
Dann würde mancher Missgriff unterbleiben.

7. Scene.

Zabarella (stürzt bleich und verstört herein).

Durchlaucht — verzeiht, die Angst liess mich ver-
gessen,
Auf welche Art ich mich hier eingedrängt.
Ihr sehet mich bestürzt, zu Tod erschrocken.

Friedrich. Was ist gescheh'n?

Zabarella. Die Flucht misslang.

Friedrich (erschrocken). Was sagt Ihr?

Zabarella. Man hält uns mit Gewalt hier fest; man liess.
Uns nicht zum Thor hinaus, wir sind gefangen.
O helft uns fort, Durchlaucht!

Friedrich. Bedenkt doch nur —
Wie würde das Concil mit mir verfahren!?

Zabarella. Seid unbesorgt deshalb; es tagt nicht mehr,.
Sobald der Papst es aufgelöst erklärt.

Friedrich. Er hat doch abgedankt?

Zabarella. Das hat nicht Geltung,
Weil er dazu gezwungen worden ist.
Er widerruft, sobald er frei geworden,
Und des Concils Beschluss ist null und nichtig,
Wenn er ihm nicht als Oberhaupt voransteht.
O helft uns fort, Durchlaucht!

Friedrich. Das darf ich nicht!

Zabarella. Ihr habt doch Euer Wort gegeben uns
Zu schützen —

Friedrich. So man Euch Gewalt anthut;
Doch nie versprach ich Euch zur Flucht zu helfen.

Zabarella. O klügelt nicht am Wortlaut des Versprechens!
Und gar, wo's gilt, dasselbe einzulösen.

Friedrich. So lang der Papst in Constanz weilt, versprach
Ich ihn zu schützen. Mehr versprach ich nicht,
Und durft' es nicht, weil ich's nicht halten könnte.
Und damit — Gott befohlen. (Klingelt.)

Zabarella. Hoheit bleibt!
Verlasst uns nicht in dieser grossen Noth.

Friedrich. Ich sagte schon: ich kann und darf nicht helfen.
Vielleicht weiss Euch mein Kanzler bessern Rath.
(Links ab.)

8. Scene.

Kanzler. Ihr seid noch hier?

Zabarella. Die Flucht misslang!

Kanzler (erschrocken). Misslang?!
Gott steh' uns bei!

Zabarella. Was ist zu thun. Die Angst
Verwirrt mein Denken.

Kanzler (eifrig nachsinnend). Helfen — aber wie?
Der Herzog —
Zabarella. Will nicht helfen.
Kanzler. Will nicht! will nicht —
Da liegt's! Er muss!
Zabarella. Wer kann ihn dazu zwingen?
Kanzler. Sabine Hausmann kann es. Geht hinein!
Versprecht Ihr, dass der Papst sie vor der Welt
Zu Ehren bringen wird und so den Bund
Mit Friedrich möglich machen kann; nur vorwärts!
(Er schiebt Zabarella ungestüm nach rechts in seine Stube ab.)

9. Scene.

Kanzler. Misslingt der Plan, ist meine Hoffnung hin,
Und in der Knechtschaft Joch muss ich mein Los
Verseufzen. Ach! (Kurze Pause. Dann plötzlich starkes
Läuten vom Thurm. Er erschrickt bis zur Fassungslosigkeit.)
Was soll das Läuten!? Horch!
Wie Sturmesbrausen tönt es! Himmel hilf!
Das gilt der Flucht des Papstes! Das ist Sturm!
Heda! Was soll das Läuten?
Hauptmann (eintretend). Das Concil
Wird eingeläutet.
Kanzler. Wisst Ihr's sicher?
Hauptmann. Ja.
Kanzler. Nun — es ist gut. — Was habt Ihr sonst zu
melden?
Hauptmann. Die Mannen des Tourniers sind aufgesessen
Und harren des Befehls hinwegzureiten.
Die Pferde für Durchlaucht und Euch sind da.
Kanzler. Man halte sie bereit und warte! — Geht! —
Das ist der Weg zur Flucht.

10. Scene.

Sabine (zu Zabarella im Herauskommen). Ich will's versuchen.
Kanzler. Ein Wort, bevor Ihr mit dem Herzog sprecht!
Ich habe einen Plan zur Flucht gefunden!
Der Herzog giebt jetzt vor den Thoren ein
Tournier, und Alles sitzt bereits im Sattel.
Zwei schnelle Pferde sind für uns bestimmt;
Mit diesen müsst Ihr fort. Behelmt und
In Mäntel eingehüllt erkennt Euch Niemand.
Nun rasch zum Herzog! Oswald kehrt zurück!
Bis dahin müsst Ihr fort sein. — Eilt Euch! Eilt
Euch! (Sabine tritt ab.)

11. Scene.

Zabarella. Mir sprengt's das Herz.
Kanzler. Nur Muth, es muss gelingen!
Zabarella. Wenn's aber fehlschlägt?
Kanzler. Muss man weiter denken!
Zabarella. In welcher Art?
Kanzler. Das weiss ich jetzt noch nicht;
Seid nicht so zaghaft!
Zabarella. Ja; Ihr habt gut reden.
Johannes ist mein Halt. Ich steh und fall
Mit ihm. Für mich steht alles auf dem Spiele.
Kanzler. Ihr rechnet wohl des Herzogs Gunst für nichts?
Ich wage meine Existenz.
Zabarella. Ich weiss es.
Doch sollt Ihr Euer Wagnis nicht bereuen.
Kanzler. Still! Horcht! Der Herzog spricht erregt.
Zabarella (beide horchen an der Thür). Es scheint,
Er will nicht helfen!?
Kanzler (horchend). Still!

Zabarella (ängstlich). Was hofft ihr? — Sprecht!
Kanzler. Ich baue auf sein gutes Herz und auf
    Die Ueberredungskunst der schönen Frau.
Zabarella. Ich höre Tritte!
Kanzler. Oswald kommt! Zur Thür!
(Drängt ihn zu der nach innen' aufgehenden Mittelthür. Kassler macht
die Thür auf und deckt damit Zabarella. Oswald tritt ein.) ·

12. Scene.

Oswald. Ist Seine Hoheit hier?
Kanzler. Nein!
Oswald. Nicht mehr hier?
Kanzler. Das heisst, Sabine ist bei ihm.
Oswald. Sabine? —
Kanzler. Ich bitte, tretet einen Augenblick
    In dieses Zimmer da. Ich rufe Euch,
    Sobald Durchlaucht zu sprechen sind.
Oswald (nach rechts abgehend). Ich danke.
Zabarella. Ich warte Euch im Vorhaus. (Will hinaus.)
Kanzler (ihn zurückhaltend). Still! Bleibt da!
Sabine. Die Bitte ist gewährt.
Kanzler. Der Wolkenstein
    Ist da!
Sabine. Wo?
Kanzler. Hier!
Sabine. Um Gotteswillen! Fort!
Kanzler. Ruft gleich den Papst und dann zu Pferde!
                    Vorwärts!
(Schiebt die Eilenden zur Thür hinaus, dann giebt er hinausrufend
dem Hauptmann folgenden Befehl.)
Zwei fremde Ritter reiten unsere Pferde!
Man breche ohne Zögern auf, sobald
Sie da sind. Hoheit folgt erst später nach.

Hauptmann. Sehr wohl! (Ab und schliesst die Thür.)
Kanzler. Gottlob, er ist vorbei! Ich bin
Erschöpft. Gefahr ermüdet mehr als Arbeit.
Volk (auf der Strasse durcheinander rufend).
Hoch! Kaiser Sigmund! hoch!
(Die Rufe sind auf der Bühne nur als verworrenes Geschrei zu hören.)
Kanzler (zum Fenster stürzend). Welch ein Geschrei!
Die Flucht schon offenkundig?! — Gott sei Dank!
Noch einmal hab ich mich umsonst erschreckt. —
Der Kaiser zieht vorbei, dem Stadtthor zu.
So folgt der grossen eine grössere
Gefahr. — Ich bin es müde mich zu fürchten.
Es gehe seinen Gang und ende, wie
Es das Geschick bestimmt. — Herr Wolkenstein!
Ich melde Euch dem Herzog.
Oswald (heraustretend). Ist sie fort?
Kanzler. So eben gieng sie. (Links ab.)

14. Scene.

Oswald (in Gedanken versunken). Also doch gefallen?! —
Was damals mich zu Tod getroffen hätte,
Geht heut' an meinem Herzen fast vorbei. —
Vorbei? — Ach nein! Unnennbar tiefes Weh,
Dem Mitleid und dem Zorne gleich verwandt,
Greift schneidend mir ins tiefste Herz hinein. —
Ich wünschte mir in diesem Augenblick
Ein besseres Gefühl in meine Brust;
Mich dünkt, ich habe mich recht sehr geändert.
Und doch, was will ich? Bleibt doch keiner gleich.
Der Kaiser ist nicht mehr derselbe, der
Er war; er hat kein Herz im Leibe. — Ach!
So fällt von Jahr zu Jahr vom Ideal
Gedanken uns'rer Seele etwas weg,

Und Klugheit überwuchert die Gefühle.
Was bleibt vom besten Menschen schliesslich übrig?
Ein siecher Körper und ein trocknes Seelchen —
Des grossen Baues klägliche Ruine.

15. Scene.

Friedrich. So in Gedanken, Oswald?
Oswald. Ja, Durchlaucht.
Mir schlich so manches am Gemüth vorbei.
Friedrich. Was bringst du Neues?
Oswald. Was ich Euch versprach.
Der Kaiser nimmt den Lehenseid in Innsbruck.
Friedrich. Hab' Dank, du guter Mensch!
Oswald. Wo bleibt die Freude?
Ich sah im Geiste Euer Auge schon
Voll Freude glänzend werden, und statt dessen, —
Friedrich. Ist's wieder nichts. Ach Freund! Die Freuden
sind,
Wo Fürstenkronen glänzen, nicht daheim,
Der Zukunft Sorgen überwuchern sie,
Noch häufiger ersticken sie im Keim.
Oswald. Mein Fürst! Welch eine Trauer fasst Euch an?
Friedrich. Gott ist mein Zeuge, Oswald! allezeit
War meiner Unterthanen Glück mein Streben;
Und ach! wie wenig habe ich erreicht,
Wie weit! wie weit bin ich von meinem Ziele!
Oswald. Ihr habt noch einen weiten Weg vor Euch,
Ihr könnt da manchen Stein beseitigen,
Und thut Ihr das, habt Ihr genug gethan.
Zeigt mir den Menschen, der sein Ziel erreicht!
Der Mann, der sich bewusst ist, was er soll,
Ist selten; seltener, der das gewollt,

Was er gesollt! Wo ist der Glückliche,
Der konnte, was er wollte, was er sollte?!
Gebt Euch zufrieden, dass Ihr's gut gemeint!
Der Alle Dinge leitet, hat gelenkt,
Dass über gut und bös die Sonne scheint,
Und so hat jeder hier sein Recht zur Freude.

Friedrich. Wirst du mich nie verlassen, Oswald?

Oswald. Niemals!

Kanzler. Durchlaucht, sie werden gleich am Stadtthor
sein.

Friedrich. Gesetzt, du hörtest etwas über mich,
Was dir nicht recht scheint. Sag: was wirst du
denken?

Oswald. Der Schein ist nichts, man muss die Gründe
kennen,
Um eine Handlung richtig abzuwägen.
Warum stellt Ihr die Frage, Hoheit?

Friedrich. Weil —
Nun weil ich von dem besten Freunde nicht
Verkannt zu werden wünsche. Oswald — wirst
Du prüfen, eh' du mich verurtheilst?

Oswald (betreten). Hoheit! —

Friedrich. Gieb mir dein Wort!

Oswald. Ihr macht mir bange, Hoheit.

Friedrich. Dein Wort! Schnell Oswald! schnell dein
Wort!

Oswald. Ihr habt es!

Kanzler (hat fortwährend unruhig durchs Fenster geblickt).
Durchlaucht! Der Zug der Reiter kommt ins
Stocken!
Man hält ihn auf! Ein Theil verlässt die Stadt!
Der andere kommt wieder!

Friedrich. Hab' ich's doch
Geahnt! — O, dass ich dir nicht folgte, Oswald!

Oswald. Durchlaucht, was ist Euch?

Kanzler.   Die Verwirrung wächst!
Das Volk erhebt Geschrei! Der Kaiser ist
Beim Stadtthor! Ha! Man setzt den Reitern nach,
Die schon hinaus sind!

Friedrich.   Alles ist verloren!

Oswald. Um Gotteswillen sprecht! Was soll das Alles?

Kanzler. Man schliesst die Thore zu! Ein Reitertrupp
In Sigmunds Farben sprengt heran! — Ein Schuss!
Noch Einer! — Wieder Einer! Flieht, Durchlaucht.

(Ab. Feldstücke gaben drei Allarm-Signale.)

Oswald. Was soll das Alles? — Sprecht! Vertraut mir,
Hoheit.

Friedrich. Ich hab' dem Papst — zur Flucht verholfen.

Oswald.   Herzog!
Das habt Ihr nicht gethan!

Friedrich.   Ich that es, Oswald.

Oswald. Durchlaucht! (Vom tiefsten Schmerz überwältigt.)

Friedrich.   Du weinst um mich? Hab Dank!

Oswald (sinkt ihm schluchzend zu Füssen).   O Friedl!

16. Scene.

Hauptmann (hastig hereinstürzend).
Durchlaucht! Des Kaisers Kanzler fordert Einlass!
Ich schloss das Thor, weil ich von ferneher
Des Volkes wüthendes Geschrei gehört,
Und fürchten muss, es gelte Euch, Durchlaucht.

Volk (Geschrei von der Strasse herauf; erst verworren, dann immer
lauter und wilder, bis der Vorhang fällt.)
Der Papst entfloh! Er hat uns das Concil
Gesprengt? Nehmt Rache an des Papstes Freunden!

Hauptmann. Durchlaucht, was soll geschehen?

Friedrich. Oeffne!

Oswald. Halt!

Das Schwert heraus! Wir schlagen uns noch durch!
Drei Schwerter geben einen guten Klang,
Wenn kampfgeübte Fäuste sie regieren.
Wir wollen zu dem wilden Volksgesang
Ein eisern Liedlein singen. Zieht, Durchlaucht!

Friedrich. Lass stecken, Oswald, es ist doch umsonst!
Ich muss mich unterwerfen. Denke an
Den Adel! Nein! Ich muss hier enden, was
Ich hier begann.

Hauptmann. Zurück, wer's Leben liebt!

(Bewaffnete drängen den Hauptmann zur Seite und der deutsche Reichskanzler erscheint.)

Reichskanzler. Im Namen Seiner Majestät des Kaisers
Erkläre ich den Herzog Friedrich von
Tirol verlustig aller Macht und Länder
Und bin beauftragt ihn in Haft zu nehmen.

Friedrich. Ich bin bereit! Leb wohl, du einz'ger Freund!

Reichskanzler. Ich bitte mir zu folgen!

Friedrich. Lebe wohl!

Oswald (küsst ihm knieend die Hand und flüstert ihm zu).

Vertraut auf Gott und Euer treues Volk!

(Friedrich wird abgeführt.)

(Der Vorhang fällt.)

V. ACT.

(Ein freier Platz zu Landeck in Tirol. Den Hintergrund bilden hohe Berge und eine Ansicht der Ortschaft Landeck. Rechts und links Wald, zwischen den Bäumen Verkaufsbuden, um welche sich Volk, zumeist Weiber einkaufend drängen. Der ganze Platz hat das Aussehen eines Marktplatzes. Rechts rückwärtes ist eine felsige Erhöhung. In der Mitte der Bühne, mehr gegen den Hintergrund, steht eine möglichst einfache Bretterbühne zu Schauspielzwecken, aber ohne jedwede Decoration oder dergleichen.)

1. Scene.

(Die Männer, grösstentheils Bauern, stehen in finsteren Gruppen beisammen. Die wenigen Weiber treiben sich bei den Verkaufsbuden herum, zwei stehen im Vordergrund abseits aller andern und führen folgenden Dialog.)

I. Bürgersfrau. Dass Gott erbarm! Ist das ein Markt
heut! Still
Und ruhig wie auf einem Kirchhof. Seht,
Wie dort die Mannsleut eng zusammen stehen
Und ernst und finster thun.
II. Bürgersfrau. Es ist entsetzlich!
I. Bürgersfrau. Wie lustig gieng's vor einem Jahr hier zu.
Da wimmelte der Platz von Käufern und
Verkäufern; da war's leicht, was Recht's zu kaufen.

Und überall gab's Sang und Spiel und Tanz,
Und heute!

II. Bürgersfrau. Ja, Fran Nachbarin, das thun
Die shlimmen Zeiten.

I. Bürgersfrau.   Mit dem Mannsvolk ist's
Nun gar nicht auszuhalten. Tag und Nacht
Ist keine Ruh; bald kommt d e r Nachbarsmann,
Und thut geheimnisvoll, bald d e r, bald j e n e r,
Und ich erfahr von Allem nicht ein Wort;
Mich werfen sie mit Kind und Kegel aus
Der Stube.

II. Bürgersfrau. Lieber Gott, das ist ein Jammer!
Ich möcht' nur wissen, was das Mannsvolk hat?

I. Bürgersfrau. Ich will Euch etwas sagen, Nachbarin.
Im Jahre dreizehnhundert achtundsiebzig,
Ich weiss es noch, als ob es heute wär —
Da hieng so etwas in der Luft wie heuer;
Und meine Mutter selig — Herr gieb ihr
Die ew'ge Ruh' — die sagte: Gretl, pass auf!
Wirst sehen, weil das Mannsvolk gar so toll ist,
Wird ein Komet erscheinen. Richtig kam er.
Du lieber Gott, da war der Jammer gross;
Das Wasser kam, der Krieg, die Pest, ich weiss
Nicht was noch Alles. Kurz uud gut, ich wette,
Das heuer wieder ein Komet erscheint.

II. Bürgersfrau. Und meint Ihr denn, der macht das
         Mannsvolk toll?

I. Bürgersfrau. Ich weiss es ganz gewiss. Die Mutter
            selig —
Der Herr gieb ihr die ew'ge Ruh — die sagte:
Gretl, merk' dir's, wenn du einmal einen Mann
           hast —
Gottlob, den hab' ich — und er wird dir toll
Und unwirsch, ohne einen Grund zu haben,

Dann schau, ob ein Komet am Himmel steht;
Und ist es so, dann sei gefügig, denn
In diesem Jahr regiert der Mann im Haus.

II. Bürgersfrau. Giebt's oft Kometenjahre?

I. Bürgersfrau.   Nein, sie sind
Zum Glück recht selten.

II. Bürgersfrau.   Sagt, wie sehen denn
Kometen aus?

I. Bürgersfrau.   Sehr schön; entsetzlich schön!
Sie fahren Euch am Firmament herum
Wie feuerige Besen.

II. Bürgersfrau.   Was nicht gar!

I. Bürgersfrau. Und wie die Dinger Euch gefährlich sind!
Die zünden Euch im Handumdreh'n die Welt an.
Da heisst es beten, dass der Wind sie nicht
Vom Firmament herunterblast. Nun muss
Ich aber heimwärts! Geht Ihr mit?

II. Bürgersfrau.   Ja freilich!

I. Bürgersfrau. Ich will nur noch geschwind für meinen
                                   Kleinsten
Da drüben einen Wurstel kaufen. Ach,
Das Kind ist gar so lieb, Frau Nachbarin;
Und wie's Euch herzig spielt und plauscht.

Hofer.   Du Pichler!
Schau, dass das Weibsvolk bald den Platz verlässt!

I. Bürgersfrau. Man wird doch etwas kaufen dürfen;
                                   schau?!
Wir sind doch auch noch wer.

Pichler.   Was willst du denn?

I. Bürgersfrau. Für unsern Kleinsten einen Wurstel.

Pichler.   Kauf
Die kleine Armbrust da. Er soll bei Zeiten
Sich an das Ding gewöhnen.

I. Bürgersfrau.   Aber, Alter!
Das Kind ist kaum drei Jahre alt.
Pichler.   Da nimm
Das Ding und geh!
I. Bürgersfrau.   Du, alter Brummbär, du!
Hofer. Ihr andern auch, zerstreut Euch, geht nach Hause!
(Es entsteht eine lebhafte Bewegung. Die Weiber werden von den
verschiedenen Männern genöthigt hinwegzugehen.)

2. Scene.

Rofner (ein stämmiger urkräftiger Bauer von rechts vorne).
Grüss Gott beinand!
Pichler.   Sag an, wie heisst die Losung?
Rofner. Was denn für eine Losung?
Pichler.   Wie, du kennst
Sie nicht?
Rofner.   Woher soll ich sie kennen? Weiss
Nicht einmal, dass es eine giebt. Nun ja —
Die Geier reden nichts, zu mir hinauf
Kommt selten wer, ich steig fast nie herab
Ins Thal, so weiss' ich nichts. Heraus damit!
Was giebt's?
Hofer. Du weisst doch, dass der Herzog Friedrich —
Rofner. Gefangen ist, das weiss' ich.
Hofer.   Aber was
Wir seit der Zeit von Uebermuth des Adels
Zu leiden haben, drang wohl nicht hinauf
Zu deinen Gletschern, oder doch?
Rofner.   Das mein' ich!
Wer kann so einsam wohnen, dass er nicht

Den Nothschrei eines ganzen Volkes hörte?
Man sollte sich denn doch zusammenthun
Und Alles, was ein eisern Kleid und Hut trägt,
In e i n e Pfanne hauen!

Alle. Ah! Brav Rofner!

Hofer. Das auszumachen sind wir eben da.
Seit Jahr und Tag geht Oswald Wolkenstein
Im Land herum und hat aus jedem Thal
Für heute einen Mann daher bestellt,
Um uns zu sagen, wie man's anfängt, dass
Wir unsern Herzog wieder herbekommen.
Ein bischen Arbeit wird es uns wohl kosten.

Rofner. Für unsern Friedel thut jeder, was er kann.

Alle. So ist's! Er lebe hoch!

Hofer. Dämpft Eure Stimmen!
Du Pichler! Stelle dich auf deinen Posten!
(Pichler begibt sich auf die felsige Erhöhung.)
Auf allen Wegen schleichen hündische
Spione; darum gilt es Vorsicht. Dass
Wir uns nicht selbst verrathen und der Freund
Den Freund erkenne, gab uns Wolkenstein
Die Losung aus: Schau dich nicht um! Und wer
Dich also grüsst, der ist des Herzogs Freund,
Dem drück' die Hand und sag: der Wolkenstein
Geht um! — Schau dich nicht um, will sagen, trag
Und dulde, bis die rechte Zeit gekommen.

Rofner. Nun das ist recht! Reicht mir die Hände, Männer!
Mein Kopf und meine Fäuste — die sind Euer!

Hofer. Brav Rofner! Deine Hand her!

Alle. Hand her, Rofner!

Rofner. Der Wolkensteiner muss ein braver Mann sein?

Hofer. Ja wohl! der bravste Mann im Land!

Alle. So ist's.

Hofer. Just damals, als man Friedl gefangen nahm,
Hat er sein junges Weibchen heimgeführt.
Nun sitzt das arme Ding allein daheim
Auf Hauenstein und wiegt ihr kleines Kind,
Indess ihr Mann für unsern Friedl herumzieht.

Rofner. Beim Himmel, das ist brav, grundbrav gehandelt!
So lang es solche Männer giebt, steht's gut
Ums Land und unsern Friedl.

Alle. Hoch Friedl und Oswald!

Rofner. In nächster Zeit wird wohl das Eisen rar;
Da wird man gut thun sich ein bischen vor
Zu sorgen. — Ist denn keine Bude da,
Die Waffen feil hat?

Hofer. Dort, der Spielzeughändler.

Rofner. Was soll's mit dem?

Hofer. Am Grund der Kiste hat
Er Waffen.

Rofner. Ei! Warum nicht obenauf?

Hofer. Es ist verboten Waffen feil zu halten.

Rofner. Da müsste auch der Kauf verboten sein?

Hofer. So ist es auch!

Rofner. Den möchte ich doch kennen,
Der mich am Kaufe einer Waffe hindert!
Wer einen Freihof hat, hat auch das Recht
Ein Schwert zu tragen. Wahr ist, dass ich mich
Um dieses Recht nicht kümmerte; es war
Auch nicht von Nöthen, weil ich's nicht gebraucht;
Zum Anschau'n trägt ein Rofner keine Waffen,
Du Würstelkramer, zeig dein Eisen her!

(Begiebt sich zur Bude rechts um ein Schwert zu kaufen. Inzwischen
ist Ruzzo aufgetreten, hat mit Pichler gesprochen und kommt nun vor.)

3. Scene.

Ruzzo. Grüss Gott!

Hofer.   Wie geht es Ruzzo?

Ruzzo.   Wie es geht?
Gieb deinem Hunde Ehrgefühl und Sprache,
Bläu ihn gehörig durch und frag' ihn dann,
Wie's geht; und was er dir zur Antwort giebt,
Das nimm als meine Antwort auf dein Fragen.

Hofer. Man hat dich doch nicht etwa — ?

Ruzzo (unterbrechend).   Ja, man hat mich! —
Wenn Ihr Euch nicht entschliesst bald loszuschlagen,
Dann werde ich zum Mörder.

Alle.   Sprich, was gab's?

Ruzzo. Da kommt mir vor acht Tagen so ein Kerl
In Eisenblech gefasst in meine Schmiede
Und lässt an seinem Panzer etwas flicken.
Ein Knappe war's vom Ritter Fuchs; den kennt
Ihr doch?

Alle.   Ja, ja, den kennen wir. Was weiter?

Ruzzo. Die Arbeit an dem Panzer will mir nicht
Vom Fleck, so wie ich's sonst gewohnt bin. Kurz
Und gut, der blecherne Hallunke streicht
Wohl eine Stunde um mein Haus herum,
Guckt da und dort zum Fenster in die Stube
Und lugt nach meinem Mädel. Wie ich just
Daran bin an dem Zeug den letzten Streich
Zu thun, da bringt sie mir mein Vesperbrod
Und flugs — kneift sie der Schlingel in die Wange.
Ich seh' das, halte g'rad den Hammer hoch,
Schlag zu und bratsch! der Plunder geht auf
                                        Fransen.
Statt sich zu ärgern, freut der Schuft sich noch
Und meint, das biete ihm Gelegenheit
Noch länger mit dem Kind da schön zu thun.

Und richtig streicht er schon ums Mädel 'rum
Und schwadroniert ihr vor und will ihr näher.
Wenn ich mich früher gift', jetzt bin ich wüthend.
Er merkt das nicht und treibt sie in die Enge;
Sie aber weicht ihm aus und fleucht zu mir.
Ich steh' grad an der Esse, tret' den Balg,
Und, eh' ich's hindern kann, küsst er mein Kind.
Nun ist's natürlich aus. Ich heb die Hand
Und plumps — da liegt der Lümmel auf der Esse.
Alle. Das hast du gut gemacht!
Russo. Nein, schlecht hab ich's
Gemacht! Hört erst, was weiter kommt, dann redet.
Des andern Tages kommen ihrer Zwölf
Um mich aufs Schloss zum Ritter Fuchs zu führen.
Den ersten, der mich anfasst, schieb' ich an
Die Mauer und er fällt so unglückselig,
Dass ihm die Eisenhaube etwas eng wird.
Und wie Euch d e r am Boden schreit! Und 's ist
Doch weiter nichts, als dass sein Wasserkopf
Ein bischen knapp in seiner Haube steckt.
Nun greifen sie mich fest; es geht aufs Schloss —
Zum Henker, mir verschlagt's das Wort. Die Schufte,
Sie binden mich auf eine Bank und schlagen
Mich windelweich.
Alle. Sie sollen's büssen!
Pichler (vom Felsen her rufend). Still!
Der Ritter Fuchs kommt!
Russo. Alle Teufel, ja!
Ich schlag ihn todt den Hund!
Hofer (mahnend). Schau dich nicht um!
Rofner. Ist's der dort mit dem rothen Bart?
Russo. Ja, der!
Hofer. Wer ist bei ihm?
Russo. Der mit der engen Haube.
(Alle stellen sich schweigend zusammen und warten, bis Fuchs kommt.)

4. Scene.

Fuchs (tritt auf mit einem Knappen, der den Kopf verbunden hat.)
Was treibt Ihr da? Was giebt's, dass Ihr die Köpf'
Zusammen steckt wie Schafe, wenn es donnert? —
Habt ihr verstanden? — Antwort will ich haben!
Was untersteht sich das Gesindel!

Rofner (ganz ruhig).   Meint
Ihr uns?

Fuchs.   Wen sonst, verfluchtes Lumpenpack?

Rofner. Fürs Erste sind wir Bauern kein Gesindel,
Fürs Zweite steht es jedem frei den Kopf
Dahin zu stecken, wo er will.

Fuchs (auf Rofner zugehend).   Na wart,
Ich will dich lehren!

Rofner (drohend).   Kommt mir nicht zu nah! —
Ich bin nicht aufgelegt von Euch zu lernen.

Fuchs. Wer giebt dir's Recht ein Schwert zu tragen?

Rofner.   Mein
Wie Euer Herr! Der Herzog Friedl.

Fuchs (höhnisch).   Der mit
der leeren Tasche? Her dein Schwert, Hallunke!

Rofner. Ich bin ein freier Bauer und befugt
Ein Schwert zu tragen! — Rühr' mir's Einer an!
Weiss Gott, ich schlag ihm's um den Kopf, dass ihm
Gewiss nicht mehr darnach gelüsten soll.
Was den Hallunken anbelangt, so rath
Ich Euch, Herr Ritter, braucht das Wort nicht
                    wieder;
Sonst werf ich dieses Eisen weg und schlag
Euch mit der Faust eins auf den Eisenhut,
Dass er Euch enger wird, als dem Hanswurst da.
Gehabt Euch wohl und lasst uns hier im Frieden.

Fuchs (zu seinem Knappen).
Verdammt! Sie sind uns überlegen. Komm!

(Fuchs mit seinem Knappen ab. Während dieser Scene ist Oswald mit
Friedrich aufgetreten. Beide sind in weite Pilger-Mäntel gehüllt und
durch tief über die Stirne herabgezogene Hüte unkenntlich.)

5. Scene.

Oswald. Was habt Ihr da gethan? Seid ihr von Sinnen?
Einige. Der Wolkenstein!
Andere. Grüss Gott!
Hofer. Gut, dass Ihr kommt.
Oswald. Wie heisst Ihr?
Rofner. Rofner.
Oswald. Denkt doch an die Losung!
Rofner. Ich dachte wohl daran, allein das war
Denn doch zu arg.
Oswald. Es wird bald enden, Freunde!
Bis dahin: mässigt Euch! — Grüss Gott Ihr
Männer!
Alle. Was bringt Ihr Neues? Kommt der Herzog bald?
Oswald. Gleich sollt ihr Antwort haben, habt Geduld!
Ich führe Euch mit meinem Freunde da
Ein Schauspiel vor, aus dem Ihr lernen könnt,
Was ihr zu thun habt, wenn ihr euern Friedl
Ins Land bekommen wollt. Das Märlein hat
Gar viele Aehnlichkeit mit unseren
Verhältnissen. Der beste Lehrer ist
Das Beispiel. Also hört das Märlein vom
Vertrieb'nen König.
Andere . Das ist recht! Dass passt
Für uns!
Andere. Wir kennen auch so einen Fürsten!

Oswald. Der König, der vertrieben wurde, war
Ein alter Mann, den spielt mein junger Freund.
Er ahmt den Greis in Sitmme, Gang und Haltung
Vortrefflich nach, und wenn Ihr sein Gesicht
Nicht seht, so meint Ihr wirklich einen Greis
Vor Euch zu haben. Diese Kunst erhöht
Den Reiz des Schauspiels leicht ums doppelte.
Aus diesem Grunde hat er sich vermummt
Und bleibt es, bis das ganze Spiel vorbei ist.
Die Bretter da bedeuten eine Wildnis,
In welcher dieser arme König haust.
Ich spiele seinen Freund, der ab und zu
Ins Thal hinabsteigt Nachricht einzuholen.
Beginnet Freund; und Ihr merkt auf und nützt es.
(Friedrich hat sich mittlerweile auf die Bühne begeben und nieder-
gelegt. Sein Kopf ruht auf einem Stein.)

6. Scene.

Friedrich (richtet sich, wie aus dem Schlaf erwachend, halb auf).
Du unbarmherz'ge Sonne! Zehnmal schon
Durchwanderst du den weiten Himmelsraum
Von Ost nach West, seitdem mein Freund thalab
Gestiegen ist nach Hoffnung auszuspäh'n,
Und immer noch bringst du ihn nicht zurück
Und leuchtest mir zum Hohn hernieder auf
Dies kantige Gestein, das mir als Bett
Und Wohnung dient. Was scheuchtest du die
                                        Nacht,
Der Armen einz'gen Freund, den Schlaf, hinweg,
Um mich zu neuem Elend aufzuwecken?!
Ich bin es müde mit des Waldes Vögeln
An Busch und Strauch mir Nahrung aufzusuchen.
Mich fesselt an die Menschheit keine Pflicht,

Mein Dasein bringt ihr keinen Nutzen, mir
Ist es zur Last — so glaube ich ein Recht
Zu haben dich, den Schöpfer aller Wesen,
Um meinen Tod zu bitten. Nimm mich auf
Zu dir, Allgütigster, und lass mich sterben!
Das Tröpfchen Freude, das mir noch bestimmt
war, —
O quell es auf zu weiten Meeren, lass
Es Freudeströme ohne Zahl gebären,
Die kreuz und quer mein deutsches Vaterland
Mit ihrer segensfeuchten Flut durchrauschen.

Hofer. Gott schütze unsern Friedl vor einem Los,
Wie dieses ist. (Alle nehmen die Hüte ab.)

Alle (inbrünstig). Gott schütze unsern Friedl!
(Friedrich ist wie ohnmüchtig zurückgesunken.)

Oswald (tritt auf und betrachtet wehmüthig den König).
O armer Freund! Wie ärmer noch als König!
Der thaubenetzte, harte Felsen ist
Dein Bett, untauglich deinem siechen Körper.
Kein Unterthane ist so arm als du,
Und ach! wie wenig hast du es verdient! —
Wach auf, mein theurer Fürst! Erquicke Dich
An diesem Labetrunk.
(Er flösst ihm aus einer Flasche ein Paar Tropfen ein.)

Friedrich (erwachend). Hab Dank, mein Freund!
Welch eine Kunde bringst du?

Oswald. Keine frohe.
Und gleichwohl ist nicht alle Hoffnung hin.
Dein braves Volk, es ist dir treu geblieben!

Friedrich. Mein armes Volk! Wie fandest du's? Sag dies,
Auf dass mein überquellend Weh mich tödte.

Oswald. Nicht tödten soll es dich! Es sporne dich
Vielmehr zur Thatkraft an. Gestatte mir,

Dass ich zunächst dir meine Wanderung
Beschreibe.
Friedrich.   Gott! Was werd' ich hören müssen!?
Oswald. Thalabwärts gehend traf ich einen Fischer;
Dem drückte das Ergebnis seines Fanges
Die Schultern tief herab, so dass er keuchte.
Darob erfreut, sprach ich ihn also an:
Was plagst du dich den reichen Fang zu mehren?
Geh heim, erfreu die Deinen mit der Beute.
Doch seufzend gab der Mann mir diese Antwort:
Der Fang gehört nicht mir; er ist bestimmt
Die Tafel meines Ritters zu beschweren,
Die ohnedies der Speisen Last kaum trägt.
Was Ihr hier seht, ist kaum die Hälfte dessen,
Was ich bis morgen liefern muss, soll ich
Mit heiler Haut die Meinen grüssen. Was
Bekommst du für den Fang? frug ich ihn wieder.
Da klang es traurig von den Lippen: Nichts!
Und emsig senkt er dann die Angel in
Die trüben Fluten. Traurig zog ich weiter.
Ein Landmann heimst nicht weit davon die Frucht
Des Feldes ein, und goldig blinkt der Weizen.
Ich rief ihm zu: Gott segne deine Feldfrucht!
Geniess in Ruh', was du im Schweisse schufst.
Als Antwort brummt der Mann in seinen Bart:
Des Ritters Pferde fressen meinen Weizen;
Und keuchend lud er sich die schwere Last auf.
Und weiter zog ich meinen trüben Pfad
Von Durst und Staub und Sonnenglut gequält,
Doch ferneher winkt tröstlich eine Schänke.
Ich trete ein und für gut Geld und Wort
Begehr ich einen Trunk. Da hör' ich wieder:
Mein Ritter hat den Keller ausgeleert,
Und brummend kehrt der mag're Wirt sodann
Mir seinen schmalen, weitbewammsten Rücken.

Da höre ich der Schmiede lustig Hämmern,
Und froh ein fröhliches Gesicht zu seh'n
Geh' ich hinein und sage: Hui! Das pocht
Und klingt und funkelt, sprüht und pfaucht zu-
                 sammen
Und bläst Euch Geld herein in hellen Haufen!
Was Teufel! Wollt Ihr mich zum Narren haben?
Schreit mich der ems'ge Meister grimmig an;
Da wollte ich denn doch, mein Ritter zög
Euch so ein glühend Wämmslein an, die ich
Verdammter Weise unentgeltlich mache?
Und damit drehte er sich um und schwang
Ein glühend Eisen auf den Amboss her,
Dass rings die Funken auseinander stoben.
So fand ich allerorts Frohndienst und Knechtschaft.
Der Landherren Uebermuth ist unbeschreiblich;
Es stockt im ganzen Land Verkehr und Handel.

Ruzzo. So ist es auch bei uns!

Alle.   Ja, ja! So ist's!

Einer nach ⎱ Mir nahm man meine Pferde! Mir die Kuh!
dem andern ⎰ Mir meine Waren! Mir die fetten Hammel!
Mein Handwerk nährt mich nicht! Mir schafft mein
                          Fleiss
Kein Brod für meine Kinder! Ackerfeld
Und Wiese habe ich umsonst bebaut!
Ich ackere von heute ab nicht mehr!
Ich werf' den Hammer weg! Und ich die Kelle!
Ich gerb' kein Leder mehr! Ich schlacht' kein Vieh!
Ich fäll' kein Holz! Kein Brod wird mehr gebacken!
Ich werf' den Hobel weg! Die Nadel ich!

Alle durch ⎱ Man zahlt uns nicht! Man knechtet uns!
einander ⎰   Man nährt
rufend   ⎰ Uns schlecht! Man schlägt und schändet
                         unsere Weiber!

Wir dulden's nimmer! Auf! Wir wehren uns!
Wir greifen zu den Waffen! Still! Seid still!
Der Wolkenstein will reden! Still da! Still!
(Diese Scene hat mit verhältnismässiger Ruhe zu beginnen. Jede Klage
wird von einem anderen Schauspieler gesprochen. Doch müssen die
Sätze Schlag auf Schlag folgen, immer heftiger, immer lauter werden
und mit den allgemeinen Sätzen zur vollsten Höhe eines Wuthaus-
bruches anschwellen, damit das Kraftbewusstsein des Volkes markant
hervortrete. Oswald giebt von der Bühne herab Zeichen zur Ruhe;
ältere Männer geben diese Zeichen weiter und erst allmählig legt sich
der wilde Lärm, dann ruft:)
Oswald. Seid still und hört das Spiel zu Ende! Ruhe!
(Erst jetzt tritt völlige Ruhe ein.)
Friedrich. Genug, genug des Jammers! Halte ein!
Was liessest du mich nicht hier sterben? Ach!
Der Tod ist Kinderspiel verglichen mit
Dem Jammer meines unterdrückten Volkes.
Oswald. Verzage nicht, mein König, fasse Muth.
Zum zweitenmal will ich das Land durchstreifen
Und deinem Volke künden, was du leidest.
Wenn es bislang all diesen Druck ertrug,
So weiss ich, macht die Kunde deiner Noth
Den Leidensbecher übervoll, so dass
Er überströmt und der Lawine gleich
Vernichtet, was der Freiheit hinderlich
Im Wege steht. Das friedliche Geräth,
Bestimmt die Erde aufzufurchen, wird
Zu Waffen aller Art. Die Sense biegt
Sich auf zum Spiess, die Hacke wird zur Keule;
Die Pflugschar treibt der Schmied zum breiten
Schild,
Sein schwerer Hammer dient ihm selbst als Waffe
Und drohend wird er mit dem Eisenhebel
Zu Häuptern des erregten Volkes kreisen.
Im Volk liegt Kraft! Bemütze sie mein, König!

Hofer. Habt Ihr's gehört?! So müssen wir es machen!
(Zu Ruzzo.) Du schmiedest all mein Eisenwerk zu
Waffen!

Einer nach | Mir treibst du meine Pflugschar aus!
dem andern { Erst biegst
Du meine Sensen auf! Ich bringe dir
Die Reifen meiner Räder, schmiede sie
Zu kurzen, schweren Schwertern! Meine auch!
Ich bringe dir die Ketten meiner Herde!
Ich meine Eisenklammern! Ich die Hauen!

Alle durch | Mein's schmiedest du zuerst! Ich hab's zuerst
einander. { Gesagt! Ich pack den Fuchs beim Felle!
Die Unterdrückung muss ein Ende nehmen!
Seid still und hört! Die Freiheit lebe hoch!
Jetzt brauchen wir das Faustrecht! Nieder mit
Dem Faustrecht! Gut und Blut für Recht und
Freiheit!
Der Rachetag bricht an! Die Freiheit lebe!
Für Recht und Freiheit! Tod der Knechtschaft!
Hoch
Die Freiheit! Hoch der Herzog! Ruhe! Still!
(Das oben Gesagte gilt auch von dieser Scene.)

Oswald. Ich bitt Euch, Freunde, hört!

Rofner. (Der Lärm legt sich.) Gebt acht! Merkt auf!

Friedrich. O lass mich hin zu meinem Volke eilen,
Und sage mir, wie ich vollenden soll,
Was du so hoffnungsvoll mir angezeigt.

Oswald. Hört meinen Rettungsplan.

Alle (murmelnd und voller Spannung). Gebt acht! Merkt auf!

Oswald. Ich führe Euch an einen Ort, wo Ihr
Aus jedem Thal des Reiches einen Mann
Zum Zwecke der Besprechung finden werdet.
Ihr stellt Euch vor und gebt Befehl, dass man
Zehn Tage später, am Bernhardi Tag,

Auf einmal alle Burgen überfalle
Und so an einem Tag das Land befreie.
Friedrich. Dein Plan ist gut; hab Dank, mein theurer
Freund!
Gott gebe mir im rechten Augenblick
Beredsamkeit zu meinem Volk zu sprechen!
Oswald. Mein König, lasst das meine Sorge sein.
Ist meine Zunge ungelenk und schwer
Sobald ich sie zum eignen Vortheil brauche,
So wird sie doch in fremdem Dienst geschmeidig.
Friedrich. Was würdest du zu meinem Volke sagen?
Oswald. Das, was der Augenblick mich sagen hiesse.
Ein Wort, das wahr und tief empfunden ist,
Das noch den Herzschlag hören lässt, wenn es
Die Lippen flieht, das dringt von Herz zu Herz
Und greift mit Macht bis in der Seele Tiefen.
(Zum Volke gewendet.)
Landsleute, Freunde, Männer! würd' ich sagen,
Denkt Ihr denn gar nicht mehr an Euern Fürsten?
Habt Ihr vergessen, was er für Euch that,
Dass Ihr nicht einmal den Versuch wagt ihn
Zu retten? Denkt Ihr nicht mehr an die Zeit,
Wo jeder ruhig seinem Handwerk nachgieng,
Und Friede, Recht und Ordnung war im Lande?
Habt Ihr das Alles schon vergessen?
Alle (lebhaft durcheinander rufend). Nein!
Wir sehnen diese Zeit zurück! Sagt uns,
Wo ist der Herzog? Wo ist Friedl? O sagt es!
Oswald. Er lebt in Acht und Bann im grössten Elend!
Und es ist K e i n e r unter Euch, der das
Erdulden muss, was er geduldet, Keiner!
Und w e s h a l b duldet er's? Er war bestrebt
Durch Bündnisse die Macht des Landes zu
Befestigen, damit er besser für

Das Wohl der Unterthanen sorgen könne,
Und Euer Recht mit starker Hand beschütze;
Und w e i l er das gewollt, kam er ins Elend,
In Acht und Bann und wurde schliesslich mit
Dem Tod bedroht.

Alle.   Entsetzlich! Hört nur! Hört!

Oswald. Mit Noth und Mühsal kämpfend, im Gewand
Des Bettlers flieht er vor gedung'nen Mördern.
Auf allen Wegen lauert man ihm auf,
Und dem gehetzten Wilde gleich irrt er
In s e i n e m Land von Berg zu Berg. Nun kommt
Er her zu Euch und will mit Eurer Hilfe
Sein Eigenthum, die Krone, rückerobern.
Ich frage: Wollt Ihr Eurem Fürsten helfen?
Will Keiner ihn in seiner Noth verlassen?
Ist kein Verräther unter Euch?

Alle (stürmisch).   Nein! Keiner!.

Oswald. Will jeder seinem Rufe Folge leisten,
Und thun, was er verlangt?

Alle.   Wir folgen ihm
Bis in den Tod!

Oswald (Friedrich enthüllend). Wohlan! Da habt Ihr ihn!

Alle. Juchhe; Der Friedl ist da! Der Friedl ist da!
Jetzt hat die Noth ein Ende! Huldigt ihm!
Wir haben Dich! Wir halten Dich! Juchhe!
Verlass uns nimmer Friedl! Beschütze uns!
Wir thun, was du befiehlst! Verlass uns nimmer!

(Während dieser Scene hüpfen einige wie unsinnig umher; andere
jauchzen und werfen ihre Hüte vor Freude in die Luft; wieder andere
erklimmen die Bühne und umfassen seine Kniee; schliesslich drängt
alles zu ihm hin.)

Pichler. Der Ritter Fuchs! (Vom Felsen herrufend.)

Oswald.   Um Gotteswillen still!

(Es tritt eine augenblickliche Stille ein; plötzlich ruft)

Ruzzo. Auf Freunde! Fallt ihn an!

Viele (aufspringend).   Halloh! Drauf los!

Oswald. Halt! Stillgestanden! Halt! — Schau dich

nicht um!

Die Losung gilt bis zum Bernhardi Tag.

Friedrich. Zieht alle heim und kündet meinem Volk,

Dass ich im Lande bin. Bewaffnet Euch

Und sorgt Euch vor. Am Sankt Bernhardi Tag,

Kurz eh' der erste Sonnenstrahl ins Land scheint,

Brecht auf und überfallt die nächsten Burgen.

Wer sich sogleich ergiebt, ist frei zu lassen;

Ich will von keinem Blutvergiessen hören.

Nicht Rächer, Freiheitskämpfer sollt Ihr sein!

Damit ich weiss, wo Hilfe nöthig ist,

Sollt Ihr am Abend des Bernhardi Tages

Durch Feuerzeichen mir von Berg zu Berg

Den schon e r r u n g'n e n Sieg nach Bozen künden.

Oswald. Durchlaucht, verhüllt Euch rasch, und dann

hinweg!

(Friedrich drückt einzelnen die Hände und zieht sich gegen den
waldigen Hintergrund nack links zurück.)

Oswald. Dir dürft es gelten, Rofner, wehr' dich nicht.

Zehn Tage sind es hin bis Sankt Bernhardi;

Dann bist du frei.

Rofner.   Und wenn es Jahre währte!

Das allgemeine Wohl geht meinem vor.

(Oswald drückt ihm und einigen anderen die Hand und geht auf
Friedrich zu, der ihn links rückwärts erwartet. Man winkt ihnen
Grüsse nach, dann verschwinden beide im Walde; gleich darauf
erscheint von rechts :)

Fuchs (mit einer Schar bewaffeneter Knappen).

Ich wusste ja, sie werden zahm, wenn sie

Die Spiesse sehen. — Nehmt mir den da fest! —

Was zaudert Ihr? — die Spiesse vor und vorwärts?

Rofner. Ich gebe Euch mein Schwert mit einer Art
Von freiem Willen, nicht der Spiesse wegen.

Fuchs. Das nennt er freien Willen! Ha ha ha! —
Auf's Schloss mit ihm! In vierzehn Tagen komm'
Ich nach. Dann will ich einmal nachseh'n, ob
Der Lümmel zahm geworden. Fort mit ihm!
Gehab dich wohl im Käfig, Freihofbauer!
Nach vierzehn Tagen sehen wir uns wieder.

.(Fuchs mit seinen Knappen und Rofner ab. Alle sehen dem Zug
ergrimmt, aber stumm nach.)

Hofer. Das wird dir pünktlich heimgezahlt am Sankt
Bernhardi Tag.

Alle (ingrimmig mit den Fäusten nachdrohend und zähneknirschend)
Am Sankt Bernhardi Tag!

(Der Vorhang fällt.)

***

Verwandlung.

(Ein Zimmer auf Schloss Hauenstein. Rechts vorne ein Fenster mit
Putzenscheiben, links ein Tisch, darauf eine Oellampe, die das Gemach
matt erleuchtet. Margareth sitzt nah' am Hintergrund an der Wiege
ihres Kindes und singt zur Harfe nachfolgendes Schlummerlied. Nach
der ersten Strophe fällt plötzlich Mondlicht durch das Fenster herein
und beleuchtet Margareth und einen Theil der Wiege. Das Mondlicht
wird durch die Putzenscheiben eigenthümlich gebrochen.)

Margarethe. Schlaf Kindlein, schlaf! Die Nacht bricht an;
Schliess deine Äuglein zu!
Schlaf ein! Schlaf ein! lieb Mutter wacht
und sorgt für deine Ruh.

Schlaf ein, mein Kind! des Käuzchens Ruf —
»Schlaf« — tönt vom Wald herauf;
Ringsum auf Erden Friede wohnt,
Es thaut, der Mond geht auf.

Sein silberhelles Licht — es streift
Just über'n Wald daher,
Und durch die grünen Wipfel tanzt
Es bis zur Wiege her.

Still, still! Es schläft. Der Harfenklang
Schloss ihm die lieben Äuglein; —
Schlaf süss! schlaf sanft, bis Vogelsang
Erklingt aus Busch und Zweiglein.

(Sie lässt einige Accorde nachklingen, lehnt dann die Harfe ans Fenster
und beugt sich über die Wiege.)

Wie schön das liebe, kleine Köpfchen da liegt!
Der Unschuld süsser Friede übergiesst
Die kleinen, weichen Züge; wenn der Schlaf
Sie auch verwischt, sie sind doch da, und man
Erkennt beim ersten Blick den Wolkensteiner.
Schlaf süss, mein kleines Lieb! — Schlaf sanft!
Schlaf süss!

(Sie entfernt sich von der Wiege und geht zum Fenster.)

Wie's draussen finster ist, obgleich der Mond
scheint.
Des Waldes schwarzer Grund sticht seltsam ab
Vom fahlen Mondlicht in den grünen Wipfeln.
Mein Osly kommt wohl heute nicht mehr heim,
Obgleich er mir es für bestimmt versprach.
Drei Stunden noch, und der Bernhardi Tag
Ist um. Ich habe mich umsonst gefreut.
Was ist denn das? Ein Feuer hoch am Berg?

Dort wieder eins und noch viel andere?!
Was soll denn das bedeuten?
(Der Thurmwart gibt ein Ankunfts-Signal.)

Horch! der Thürmer!

(Nun erkennt sie den Refrain des Liedes: Zu zweit ist's guet.)
Das ist s e i n Ruf: Zu zweit ist's guet! Er ist's!

2. Scene.

Ach! Oswald! Liebster Mann!

Oswald. (Gretchen liegt ihm am Halse).   Mein Gretchen!
Margarethe. Nun hab ich dich doch wieder, süsser Mann!
Wie heiss ich dich erwartet hab'!
Oswald.   Du Holde!
Margarethe. Wie schade! Unser Kleiner schläft. Da sieh!
Oswald. Das liebe Kind.
Margarethe.   Der wird sich freuen, Oswald!
So klein er ist, er kennt dich ganz genau,
Und duldet keinen Mann bei seiner Wiege,
Der nicht, wie Du, ergraut ist. Unlängst kam
Dein Vetter auf Besuch. Da schrie er auf
Und zappelte ganz zornig mit den Beinchen.
Und wie er dir da ernsthaft ausseh'n kann!
Du glaubst's gar nicht.
Oswald.   Das sieht ja aus wie Furcht —?
Margarethe. Vor einem Wolkensteiner Zorn? Nicht doch!
Das ist im Grunde ein gutmüthig Ding.
Mein Gott, ich schwätze da in einemfort,
Und d u — hast noch nicht einmal abgelegt.
Thu doch den schweren Helm, den Mantel weg. —
Ach Gott! Die Freude sprengt mir fast die Brust!
Ich hab' dich gar so selten bei mir da.
Oswald. Sei gut, mein trautes Gretly! Künftighin
Bleib' ich bei dir daheim.

7*

Margarethe (voll Freude).   Ist das auch wahr?

Oswald. Sahst du die Feuerzeichen nicht?

Margarethe.   Ja doch!

Oswald. Sie künden uns des rohen Faustrechts Ende;
Es ist vorbei! Tirol ist frei und Friedl
Ist wieder eingesetzt in seine Rechte.

Margarethe. Hast du ihn heute schon gesprochen?

Oswald.   Nein!
Ich komm' von Brixen her; er ist in Bozen. —
Du kannst auf mich ein wenig stolz sein, Gretly;
Ich hab' getreulich mitgeholfen an
Dem Werke der Befreiung. (Der Thurmwart bläst.)

Margarethe.   Horch der Thürmer!
Wer mag jetzt kommen?

Oswald.   Wird ein Fremder sein,
Der Nachtherberge sucht.

Margarethe.   Und bleibst du jetzt
Auch wirklich immerfort bei mir?

Oswald.   Gewiss!
Mein liebes Weib, für alle, alle Zeiten.
Jetzt nehm' ich wieder meine Harfe her
Und lass mein Schwert verrosten an der Wand.

Margarethe. Und ich sitz' neben dir und hör' dir zu
Und wieg' das Kind und werde selig sein!
Ich habe dir gar vieles zu erzählen,
Vom Buben da, von mir und sonst noch viel.
Ich habe mir das alles hübsch zurecht
Gelegt und eingeprägt und dachte dich
Damit bei deiner Ankunft zu erfreuen;
Und jetzt, da du daheim bist, weiss ich nichts,
Als dass ich dich in meinen Armen halte.

Oswald. Du liebes Weib!

Margarethe.   Ich höre kommen.

3. Scene.

Friedrich (von einem Hausdiener hereingeführt). Oswald!

Oswald. Wie, seh' ich recht? Durchlaucht!

Margarethe. Willkommen, Hoheit!

Friedrich. Verzeiht mir, dass ich Euch so spät noch
                störe;
Mich liess die Dankbarkeit nicht länger warten.
Gestattet schöne Hausfrau — Eure Hand!
      (Will sie küssen.)

Margarethe. Nicht doch, Durchlaucht.

Friedrich. Lasst mich sie küssen!

Margarethe (beschämt abwehrend). Hoheit?!

Friedrich. Die liebe, kleine Hand wird alle Sorgen,
Die du für aller Wohl dir aufgebürdet,
Von deiner Stirne streichen.

Oswald. Habt Ihr schon
Gewissheit, dass man allerorts gesiegt?

Friedrich. Bis jetzt traf keine schlimme Zeitung ein
Und nirgends fehlt des Sieges Feuerzeichen.
Des Mittags kamen schon an zwanzig Boten
Und brachten eine Siegesbotschaft um
Die andere; und was das Beste ist,
Ich hörte noch von keinem Blutvergiessen.
Da bin ich nun und bringe dir den Dank
Des Vaterlandes. Dein ist das Verdienst!
Du endetest der Völker Noth und meine;
Du hast das Faustrecht in den Staub getreten,
Und deine Friedens-Saat beginnt zu keimen.

Oswald. Ich that als Helfer meine Pflicht, und dass
Ich sie gethan, ist mir genug. Das Volk —

Friedrich. Soll seinen Lohn erhalten. Jeder, der
    Sich eingefunden bei Landeck, darf frei
    Und ungehindert zu mir kommen und
    Der Heimat Wünsche mir persönlich bringen.
    Und nun zu dir. Du sollst mit mir nach Innsbruck!
    Dort will ich dich mit Ehren überhäufen
    Und dir nach Möglichkeit vergelten, —
Oswald (unterbrechend).   Hoheit,
    Lasst mich daheim! Mir ist es Lohn genug,
    Wenn Friede, Recht und Freiheit herrscht im Lande.
Friedrich. So kommst du mir nicht weg!
Oswald.   . Nein, Hoheit, lasst mich!
    Ich habe mich entschlossen hier zu bleiben.
Friedrich. So muss ich dir von andrer Seite kommen.
    Das Vaterland und ich bedürfen deiner.
Oswald. Drängt nicht in mich, Durchlaucht, es ist ver-
                           gebens.
    Die bösen Geister, die in Constanz Euch
    So schlechten Rath ertheilt — sie sind ver-
                            schwunden.
    Der ernste Wille recht zu thun, ist stets
    Der beste Rath; es braucht nicht anderen.
    O lasst Euch stets von diesem Grundsatz leiten!
    Ich bleibe, was ich war, ein Minnesänger.
    In gold'nen Friedenszeiten wächst und blüht
    Und reift des Sängers Kunst; er soll nicht mehr
    Sein wollen als ein Sänger. Hab' ich nicht
    Ein doppelt Glück daheim? Mein Weib ist eins,
    Das zweite meine Kunst! Was brauch' ich mehr?
    Mein Dienst sei ihnen ganz allein geweiht!
    Was frommte mir der Menge eitel Lob?
    Mein Sang hat mir den höchsten Preis errungen!
    Was kümmert's mich, wenn ihn die Zeit verweht?
    Des Sängers Lied hat nicht umsonst geklungen,
    Wenn ihn nur e i n e Seele ganz versteht!

Rings um mein Schloss herum, im grünen Tann,
Schallt süsser Vogelsang aus tausend Kehlen.

(Gretchen umfangend.)

Zu deinem Lobe soll mein Harfenklang
Sich mit der Vögelein Gesang vermählen.

(Streicht mit der Hand über Gretchens Stirn, als wollte er ihre Sorgen verscheuchen. Der Wind bläst das Fenster auf und trifft die Harfe, dass sie leise erklingt. Der Ton ist so gedacht, wie der der Aeolus-Harfe. Dieses Klingen soll die Begleitung zu folgender Strophe, die Oswald spricht, abgeben und das Drama poetisch ausklingen machen.)

Ich bleib
Bei dir, mein Weib,
Schau guet und sei nicht bang!
Zu zweit wird uns im grüenen Tann
Kein Weil zu lang, —
Zu zweit ist's guet.

(Der Vorhang fällt. Ende.)

Verzeichnis der störendsten Druckfehler.

Seite 4, Rolle des Vintler, *zugänzlich* statt *zugänglich.*

»	7,	»	»	»	*des*	»	*der.*
»	15,	»	»	Oswald,	*zu*	»	*zu.*
»	20,	»	»	Wilhelm,	*Mass*	»	*Man.*
»	22,	»	»	Heinz,	*Jugens*	»	*Jungens.*
»	23,	»	»	Wilhelm,	*Landherren*	»	*Landherrn.*
»	48,				*8. Scene*	·.»	*7. Scene* u. s. f.
»	57,	»	»	Oswald	*Vieleicht*	»	*vielleicht.*
»	66,	»	»	»	*eretten*	»	*erretten.*
»	73,				*14. Scene*	»	*13. Scene* u. s. f.
»	76,	»	»	Kanzler,	*Sigmunds*	»	*Siegmunds.*
»	79,	»	der	II. Bürgersfrau,	*Fran*	»	*Frau.*
»	82,	»	des	Rofner,	*Friedel*	»	*Friedl.*
»	87,	»	»	Andere,	*Dass*	»	*das*
»	88,	»	»	Oswald,	*Sitmme*	»	*Stimme.*
»	91,	»	»	»	*mache?*	»	*mache.*
»	92,	»	»	»	*Bemütze*	»	*benütze.*
»	93,	»	»	»	*Rettungsplau*	»	*Rettungsplan.*
»	96,	»	»	Fuchs,	*vorwärts?*	»	*vorwärts!*